Las Mujeres de la Biblia

Colección Cristiana

Nelfa Chevalier

Copyright 2021-2022

Reinas Del Antigüo Testamento

Tabla de Contenido

Las Mujeres de la Biblia

Prólogo General

Las Mujeres de la Biblia

   La Reina Vasti

   Banquetes del rey Asuero

   La reina Vasti desobedece las ordenes del rey Asuero

   El rey Asuero destrona a Vasti

   Interpretaciones feministas

Catequesis:

   ¿Qué aprendimos de la Reina Vasti?

Referencias:

Reina Esther, segunda esposa del rey Asuero

Las Mujeres de la Biblia

   La Reina Esther

   Complot de Amán para matar a los judíos

La reina Esther visita al rey Asuero

   El rey Asuero revisa el libro de Memorias y Crónicas

   Último banquete de la reina Esther

   La reina Esther intercede por su pueblo judío, ante el rey Asuero

Etimología del término Purim

   Panteón de la Reina Esther

   Personajes del Libro de Esther

El rey Asuero

La reina Esther

Mardoqueo

Amán

Vasti

Catequesis:

   ¿Qué aprendimos de la Reina Esther?

Referencias:

Reina Mical, primera esposa del Rey David

Las Mujeres de la Biblia

  La Reina Mical

  El Rey Saúl intenta matar a David

  El rey Saúl propone a David casarse con Mical

  El rey Saúl desea matar a David

  Mical ayuda a David a escapar de la muerte

  David perdona la vida del rey Saúl

  Por segunda vez, David perdona la vida del rey Saúl

  El rey Saúl muere

  David trae el Arca de Dios a Jerusalén

  Mical menosprecia al rey David

Catequesis:

  ¿Qué aprendimos de la Reina Mical?

Referencias:

Abigaíl, esposa del rey David

Las Mujeres de la Biblia

  Abigaíl

  Respuesta de Nabal a David

  Súplica de Abigaíl a David

  Respuesta de David

Catequesis:

¿Qué aprendimos de Abigaíl?

Referencias:

Betsabé, esposa del rey David

Las Mujeres de la Biblia

   Betsabé

   El rey David solicita la presencia de Urías

   El rey David ordena la muerte de Urías

   Anécdota del Profeta Natán

   Mensaje de Yahveh al rey David

   El Niño del Pecado Muere

Palabras postreras del rey David:

   Salomón

   El Sueño de Salomón

Catequesis:

   ¿Qué aprendimos de Betsabé?

Referencias:

Reina Maqueda; reina de Sabá

Las Mujeres de la Biblia

   La Reina de Sabá

   Visita de la reina de Saba a Salomón

   Impresión de la reina de Sabá

   Regalos de la reina de Sabá al rey Salomón

   Relatos de Historiadores sobre la reina de Sabá

Catequesis:

   ¿Qué aprendimos de la Reina de Sabá?

Referencias:

La Reina Salomé Alejandra

Las Mujeres de la Biblia
  La Reina Salomé Alejandra
  Reinado de Salomé Alejandra
  Muerte de Salomé Alejandra
Catequesis:
  ¿Qué aprendimos de la Reina Salomé Alejandra?
Referencias:

Las Mujeres de la Biblia
Prólogo General

Las Mujeres de la Biblia es una colección de libros cristianos que exponen las vidas de las mujeres citadas en las Sagradas Escrituras. Los versículos bíblicos han sido tomados, literalmente, de la Santa Biblia. Este texto sagrado constituye una fuente de fe, amor y paz, para los cristianos que desean saciar su sed espiritual. Sus excelsos conocimientos son vida y salvación para nuestras almas. Partiendo de los conceptos bíblicos expuestos en este mencionado libro sobre numerosas féminas de tiempos pasados, tomamos los hechos más relevantes de sus vidas. Comenzamos con historias valiosas de mujeres del Antiguo Testamento, las cuales están íntimamente ligadas a los principales patriarcas, profetas y evangelistas de ese tiempo. Entretanto, el Nuevo Testamento nos presenta las damas más importantes en la vida del Mesías, nuestro Señor Jesucristo.

De manera antagónica, esta misma obra religiosa, la Santa Biblia, enseña algunos prototipos de mujeres involucradas en acciones condenadas por las leyes de nuestro Señor Dios. De hecho, todas ellas nos dejaron legados significativos; unas, de bien y otras, de mal. Los buenos nos ayudan a crecer espiritualmente, y los malos nos animan a cambiar nuestro mal comportamiento. Por lo tanto, podríamos tomar de los frutos que generaron las mujeres de valores, damas consagradas a la fe en nuestro Padre eterno, Yahveh. Pero también, considerar las espinas que brotaron de mujeres malvadas, para no cometer los mismos errores que ellas. En su lugar, debemos actuar de acuerdo a los mandamientos de nuestro Señor Jesucristo: amar a Dios y a nuestro prójimo.

Aprovechemos la grandeza de espíritu, que todos tenemos, y tomemos las enseñanzas que emanan de los distintos textos bíblicos para adaptarlas de manera particular a nuestras vidas. Reconozcamos nuestros dones; pero también, nuestras vulnerabilidades. En efecto, tomando de base ese concepto quien escribe declara lo siguiente: físicamente, el sexo femenino siempre ha sido más débil que el masculino. Sin embargo, espiritualmente, la mujer es más firme y fuerte que el hombre. Desde su creación, este ser fue dotado de sensibilidad y delicadeza. Además, la mujer pertenece al género creador de vidas. Sin la mujer nada de lo que sido creado preexistiría. Sólo la naturaleza existiría.

El objetivo de este libro es transmitir mensajes de fe, amor, generosidad, humildad y unidad, que sean compatibles para todas las mujeres del mundo. Es apremiante lograrlo mediante los admirables y elogiados ejemplos de innumerables mujeres que protagonizan profusos versículos bíblicos. Partiendo de las actuaciones encomiables mostradas por virtuosas damas del Antiguo y Nuevo Testamento, quienes mostraron absoluta fe en Dios, las mujeres de hoy día podríamos tomarlas como ejemplo conduciendo nuestras vidas de manera digna, justa y piadosa. Al considerarlo de ese modo, construiríamos hogares sobre rocas que nada ni nadie los podría corromper o destruir. Su fortaleza se sostendría sobre bases religiosas donde sus cimientos serían el amor a Dios, la familia y al prójimo en general. Cumpliendo así con los dos grandes mandamientos de Cristo Jesús:

«Amar a Dios sobre todas las cosas y a nuestro prójimo como a nosotros mismos».

(Marcos 22:34-40; Mateo 22:36-40; Lucas 10:25-28).

En esa plataforma cristiana no existe el mal, sino la abundancia de bien. Desde que todos perseguimos el bien para nuestras familias; ya sabemos cómo lograrlo, y hasta donde podemos conducirlo para alcanzarlo.

Basándonos en todo lo arriba expresado, todas las integrantes del sexo femenino debemos apoyarnos y ayudarnos en todo momento, para trabajar por las causas de nuestro Padre Dios. Una mano amiga, en momentos de tristezas. Un sano consejo, si estamos desviadas o desorientadas. Así como nuestra ayuda incondicional en tiempos de tormentas. Debemos ser empáticos con nuestros hermanos. La comunión entre nosotros llena de alegría a nuestro Padre celestial, y nos convierte en sus verdaderos hijos. Siguiendo esta línea de fe marcada por una logística cristiana establecida por las mujeres presentadas en la Santa Biblia, el libro de Génesis cita la primera creación femenina. Su nombre fue Eva, quien ha sido un personaje controversial debido a su desobediencia a Dios ((Génesis 1:27-28; 2:16-17; 3:1-6. 16. 19. 22). Pese a su mala conducta, todos podríamos aprender de Eva tomando el control de nosotros mismos. Ciertamente, al dominar nuestros malos deseos e instintos carnales, actuamos de manera correcta correspondiendo a las leyes de nuestro Creador, Dios Padre.

A continuación, amplios bosquejos de otras mujeres que participan en esta colección cristiana. Empezando por Sara, quien es considerada una de las grandes mujeres bíblicas. Sara fue la esposa del patriarca Abraham. Desafortunadamente, Sara no podía tener hijos, y su esterilidad era un agravio para Abraham quien deseaba tener descendientes. A pesar de su infortunio, Sara nunca dejó de sentir gran fe en Dios. Por tanto, Él le concedió la maternidad a la edad de 90 años, dando a luz a su hijo Isaac, quien luego se convirtió en el segundo patriarca de Israel (Génesis 15:1-6; 16:1-16; 17:15-27; 18:12; 20:1-7. 12. 14-17).

En otro contexto ubicamos la historia de Ana, madre del profeta Samuel. La historia de Ana es análoga a la de Sara, en el aspecto de la infertilidad. Del mismo modo que Sara, Ana también era estéril; pero ambas concibieron por la misericordia de Yahveh. Aunque existe una diferencia entre Sara y Ana. De acuerdo a las Sagradas Escrituras, Dios le concedió a Sara el don de la maternidad en su vejez. Mientras tanto, el Señor le confirió la gravidez a Ana durante su juventud. Ana era judía y sentía plena fe en Dios. Ella fue una creyente admirable. Quedó embarazada de su hijo Samuel, quien creció y se convirtió en un gran profeta (1 Samuel 1:1-28; 2: 1-21; 3: 19-21).

Continuamos con las dos esposas del patriarca Jacob: Lea y Raquel. Lea fue la primera esposa de Jacob. Pero con quien Jacob deseaba casarse era con Raquel, hermana menor de Lea. No obstante, la tradición judía indicaba que la mayor debía casarse primero que la menor. En definitiva, el padre de ambas, de nombre Labán, le impuso a Jacob casarse con Lea; y luego, con Raquel. Jacob no tuvo otra alternativa que aceptar la imposición de Labán porque él estaba profundamente enamorado de Raquel. Después, Jacob se casó con Raquel. Lea sentía el rechazo de Jacob, pero su fe en Dios la ayudaba a soportar esa triste situación (Génesis 27: 41-45; 28: 1-4; 29:1-35; 30: 9-24; 31:1-55).

Seguimos con Séfora, la mayor de siete hijas de un sacerdote de Madián, de nombre Jetró. Después de una serie de incidentes en la vida de Moisés, Séfora se convirtió en su esposa. Séfora y Moisés tuvieron varios hijos, y vivieron en Madián. Pero un día normal de pastoreo, Moisés vio una zarza que ardía en fuego y no se consumía. En ese preciso instante Moisés recibió el llamado de Dios de liberar al pueblo hebreo de la esclavitud de Egipto. No obstante, cuando Moisés se dirigía con su familia hacia Egipto a cumplir su misión, el Señor decidió matar a Moisés por haber postergado la circuncisión de su hijo Eleazar. Fue Séfora quien salvó a Moisés de la muerte.

Tomando Séfora un pedernal afilado, lo puso en el prepucio de su hijo, y sujetando los genitales de su esposo exclamó:

«Eres mi esposo de sangre».

Inmediatamente, Dios perdonó la vida de Moisés (Éxodo 2. 3. 4. 5).

Seguimos con una mujer de gran trascendencia espiritual e histórica. Venerada y admirada por todos los cristianos por la pureza de su corazón y obediencia a Dios. Ella es María o la santísima virgen María, madre de Jesús. Una joven de mucha fe en Dios y nobles sentimientos. A María se le apareció el ángel Gabriel anunciándole que ella concebiría a un niño por obra y gracia del Espíritu Santo. Su alma pura y fe en Dios permitieron a María aceptar las palabras del ángel, a quien ella respondió:

«He aquí la sierva del Señor, que se cumpla en mí tu palabra».

El ángel también informó a María que él había visitado a Isabel, su pariente, quien no podía concebir hijos. Pero Dios escuchó sus súplicas, y en ese momento, ella se encontraba en el sexto mes de embarazo. Después de María escuchar las palabras del ángel Gabriel, esta sierva del Señor decidió visitar a su parienta Isabel. En efecto, Isabel estaba embarazada. Cuando María llegó, e Isabel escuchó su saludo, exclamó:

«*Bendita tú entre las mujeres y bendito el fruto de tu vientre*».

(Lucas 1:8; 38-56; 2:1-52; Mateo 1: 18-25; 2:7-11; 16-23).

Otro argumento bíblico cita a Débora y Jael. Débora fue una profetisa judía, y la única mujer jueza de Israel. Ambas mujeres se destacan debido a un conflicto entre judíos y cananeos. Ese escenario señala al general Barak perteneciente al ejército de Israel. Este comandante debía enfrentar al jefe de las tropas del rey Jabín de Canaán. Así Dios lo había ordenado y transmitido a través de la profetisa Débora, quien estuvo ejerciendo sus funciones de magistrada de Israel. Esta profetisa dio apoyo moral al general Barak para dirigir el ejército judío. Incluso, el mismo general Barack pidió a Débora lo acompañara durante esa campaña. La fe de Débora en Dios, su fuerza espiritual y seguridad, fueron determinantes para infundir en el general Barack la confianza en Dios y seguridad en sí mismo, afrontando a las fuerzas enemigas del comandante Sisara, de Canaán.

Por otra parte, Jael era una mujer que no pertenecía al pueblo israelita, pero se puso de parte de ellos. Jael aprovechó el cansancio del comandante cananeo Sisara, y lo mató. Por tal motivo, el general Barack ganó la batalla contra los cananeos. Ambas mujeres, Débora y Jael, jugaron un papel trascendental en dicha victoria. Las creencias religiosas basadas en la fe en Dios fueron las bases espirituales que, en casos como el mencionado arriba, motivaron a muchas de estas mujeres bíblicas a actuar defensivamente en contra de sus adversarios, para favorecer a su comunidad. El caso de Débora y Jael es un hecho histórico de mucha relevancia para el pueblo hebreo (Jueces 4: 4-23; Génesis 35: 6-8).

En otro momento se presenta una mujer de espíritu valiente, Abigail. Ella defendió a su familia de la ira de David y su ejército. Aconteció, cuando David estaba en guerra contra el rey Saúl, y solicitó al esposo de Abigaíl, un hombre muy rico de nombre Nabal, ayuda monetaria para suplir los gastos de su batalla. Pero Nabal se negó rotundamente a cooperar en sus causas políticas. Eso provocó en David un gran enojo, y decidió dirigirse hacia la casa de Nabal a cobrarle la ofensa. Afortunadamente, Abigail intervino. Ella fue al encuentro de David quien se aproximaba a su casa con un batallón de hombres armados y furiosos. Abigaíl les llevó provisiones; a la vez, ella le suplicó a David no derramara sangre inocente debido a la imprudencia de su esposo (1 Samuel 25: 10-12. 22). David escuchó sus palabras, aceptó su ayuda y regresó a su campamento militar.

Muchas mujeres valiosas están contempladas en la Santa Biblia. Cada una de ellas fue guiada por su fe, bondad, amor, valor o determinación. En este sentido cabe presentar a Esther, también conocida como la reina Esther, por haber sido elegida esposa del rey Asuero, de Persia. Durante su reinado, esta virtuosa mujer se enteró de un malvado plan de Aman, el primer ministro del rey, para asesinar a todos sus compatriotas judíos que vivían en ese imperio persa. Inmediatamente, la reina Esther se dispuso a intervenir a favor de su pueblo. Después de esta reina alagar al rey ofreciéndole varios banquetes en su honor, ella le informó sobre el inicuo plan de su primer ministro.

El rey amaba a Esther; por esa razón, él elaboró otro decreto que permitió a los judíos defenderse de toda agresión contra ellos. Pero lo más significativo de Esther fue, la nota de fe que ella envió a la población hebrea. Fue un mensaje devocional, de confianza hacia Dios. La reina Esther les comunicó a los israelitas lo siguiente, "permanecer tres días en ayuno y oración". En el escrito, ella también les decía que haría lo mismo. Se trataba de buscar primero, el apoyo del Todopoderoso, Dios Padre, para lograr el triunfo en tan difícil situación. Los judíos salieron victoriosos gracias a la intervención de la reina Esther, y el apoyo del rey Asuero. La historia de la reina Esther es una de las más loables de la tradición judía (Esther 3: 13-15; 4:1. 5).

Así como la Biblia cita a muchas mujeres virtuosas; también presenta a otras que no mostraron moralidad u obediencia a Dios. Apoyándonos en este tema es conveniente presentar a la Esposa de Lot. Su nombre no aparece en la Biblia porque la persona importante para nuestro Padre Dios era Lot, quien era un hombre de fe. Lot era justo y bondadoso, por eso el Señor lo amaba. Por consiguiente, Dios envió dos ángeles a avisarle a Lot que saliera de la ciudad de Sodoma donde él vivía con su familia, porque esta sería destruida. Sin embargo, los ángeles dijeron a Lot que, durante su emigración, tanto él como su familia debían cumplir una condición. Se trataba de lo siguiente: saliendo de la ciudad, ninguno de ellos podía mirar hacia atrás, bajo ninguna circunstancia.

A pesar de la advertencia de los ángeles, la esposa de Lot sintió curiosidad. Ella quiso ver lo que estaba sucediendo en aquella ciudad, y miró hacia atrás. Al instante, la esposa de Lot se convirtió en una columna de sal. Ese es uno de los castigos que se proporcionan así mismos los que desobedecen a nuestro Padre eterno, Dios. Este pasaje completo está documentado en la Biblia (Génesis 18; 19:1-38).

Otras meritorias mujeres son las profetisas: La profetisa María o Miriam, hermana de Moisés y Aaron. Su presencia fue fundamental en el Éxodo hebreo. La profetisa Ana; estuvo presente en la presentación de Jesús en el Templo de Jerusalén. La profetisa Huldah, quien intercedió ante Yahveh a favor del rey Josías. Por otro lado, presentamos de forma individual otras mujeres bíblicas, tales como: la princesa Nefertari, madre de crianza de Moisés. Rebeca, esposa de Isaac; el hijo del patriarca Abraham. María Magdalena, discípula de Jesús.

Del mismo modo mostramos la vida de Ruth, una moabita que dejó su pueblo para servir a Dios. También, la Sulamita, una hermosa joven protagonista del libro: "Cantar de los Cantares". Susana, una joven bella que fue víctima de la perversidad de dos ancianos. Priscila una mujer cristiana que actuaba al lado de su esposo Aquila, ambos amigos de Pablo de Tarso. Proseguimos con dos hermanas muy preciadas por nuestro Señor Jesucristo: Marta y María, hermanas de Lázaro.

Otro episodio evangélico nos trae a la mujer Samaritana, a quien Jesús le pidió agua de un pozo construido por Jacob. Por otra parte, un hecho famoso involucra a Judith, una heroína bíblica que salvó a los habitantes de Betulia del general Holofernes, quien actuaba bajo las órdenes del rey Nabucodonosor II. Las mujeres mencionadas arriba son solamente algunas, de las tantas, que han sido citadas en los diferentes capítulos de los libros contenidos en la Biblia.

El propósito de este libro es transmitir un mensaje cristiano de fe y amor a Dios Padre, a todos los lectores. En especial, a todas las mujeres a nivel global. De hecho, las historias de cada una de las figuras bíblicas femeninas presentadas en esta colección cristiana, nos pueden ayudar enormemente a alcanzar ese propósito. El profundo deseo de quien escribe radica en, empoderar de fe a cada mujer sobre la tierra. De ese modo, todos los hogares del mundo estarán bajo la gracia de nuestro Creador, Dios. Efectivamente, cuando actuamos de acuerdo a los mandamientos de Cristo recibimos de Él múltiples bendiciones, las cuales se manifiestan en nuestras familias y nosotros mismos.

De lo contrario, nuestras malas actuaciones nos podrían arrastrar hacia desesperantes abismos donde prevalece todo tipo de infortunio; tales como desgracias, enfermedades y muertes.

Enfatizando, las mujeres somos los pilares de nuestros hogares. Por consiguiente, cuando nos apoyamos en la fe en nuestro Dios y Padre Yahveh, nuestros hogares se convierten en pequeños paraísos de este planeta Tierra.

Hermanas, si existe falta de fe en nosotras, las mujeres, eso nos podría conducir a no darle la merecida importancia a la religión y moral que tanto necesitan, y a la vez, favorecen a nuestras familias. Desde que los conceptos religiosos y las buenas conductas actúan a nuestro favor, enriqueciendo de salud, amor y paz a nuestros seres queridos.

Cuando actuamos opuesto a las enseñanzas religiosas, no sólo nos destruimos nosotras mismas, también, causamos un enorme daño a nuestros inocentes hijos. Más aún, los catastróficos efectos de nuestro escepticismo hacia el aspecto religioso, podrían ir más allá de nuestro entorno familiar vinculando a otros seres humanos. De ser así, causaríamos daños mayores. Escojamos el mejor camino, el del bien perfecto que sólo alcanzamos cuando nos encontramos en contacto directo con nuestro excelso santo Padre, Dios.

Termino la introducción de esta colección cristiana titulada: **Las Mujeres de la Biblia**, *con una frase de nuestro Señor Jesucristo, la cual nos puede conducir hacia la reflexión, y también mejorar nuestras acciones; ya que estas nos pueden hacer dichosos o desdichados. Bendecidos y protegidos por nuestro Padre Dios o arruinados, fracasados e infelices, por la falta de protección que brinda nuestro Padre Dios a sus verdaderos hijos. El Evangelio de Lucas, en su capítulo 11, versículo 13, dice lo siguiente:*

«Si vosotros siendo malos sabéis dar cosas buenas a vuestros hijos, ¡cuánto más el Padre del cielo dará el Espíritu Santo a los que se lo pidan!».

(Lucas 11:13).

En el Evangelio de Mateo Jesús dice:

«Por sus frutos los conoceréis. Acaso se recogen uvas de los espinos, o higos de los abrojos.

Todo buen árbol da buenos frutos; pero el árbol malo da frutos malos».

(Mateo 7: 16-17).

Reinas del Antiguo Testamento: Vasti, Esther, Mical, Abigaíl, Betsabé, Maqueda y Salomé Alejandra

Reina Vasti, primera esposa del rey Asuero

Las Mujeres de la Biblia
La Reina Vasti

La reina Vasti fue reina de Persia, la primera esposa del rey Asuero. Su historia aparece en el capítulo I del libro de Esther. En el idioma persa su nombre es Vashti, del cual no se ha podido obtener una etimología real. En el persa antiguo, Vaisti, escrito de esa forma significa, "mejor o excelente". Mientras, en el persa moderno podría significar "bondad". Contrario a considerar a Vasti poseedora de compasión o humanidad hacia los demás, el Midrash (estudio o exégesis de la Biblia hebrea) la describe, mujer malvada y vanidosa.

De acuerdo al Midrash, Vasti era hija del rey Belsasar (Daniel 5:1-16); nieta del rey Amel Marduk, y bisnieta del rey Nabucodonosor II de Babilonia. El padre de Vasti fue asesinado durante una invasión de medos y persas, quienes penetraron al palacio real donde estaba la princesa Vasti y su familia. Vasti, asustada, y sin saber de la muerte de su padre, corrió a refugiarse en su habitación. Allí, ella fue secuestrada por el rey Darío de Persia. Sin embargo, este rey no le hizo ningún daño; al contrario, la casó con su hijo Asuero.

Sólo conocemos sobre la reina Vasti lo que aparece escrito en el Libro Esther, el cual relata su historia partiendo de su vida matrimonial con el rey Asuero. Ese texto explica la autoridad de Asuero como sucesor al trono de Persia, con sede en su capital, Susa. Asuero gobernó sobre ciento veintisiete provincias, desde la India hasta Etiopía. El tercer año de su reinado, Asuero organizó excelentes banquetes. Se invitaron a los hombres más poderosos de Persia y Media; gobernadores y príncipes de provincias (Esther I:1-4).

Banquetes del rey Asuero

El objetivo del rey Asuero era mostrar las riquezas de su reino, el brillo y magnificencia de su poder. Fueron ciento ochenta días de celebración. Después de estas festividades, Asuero ordenó siete días de banquetes en el patio del huerto del palacio real. A estas celebraciones se invitaron a todos los habitantes de Persia, desde el menor hasta el mayor. Los colores que adornaron el pabellón eran: blanco, verde y azul, los cuales estaban tendidos sobre cuerdas de lino y púrpura, en anillos de plata y columnas de mármol (Esther I:5-6).

Los apoyos de las sillas eran de oro y plata, colocados sobre losas de pórfido, mármol, alabastro y jacinto. Los vasos eran de oro, diferían unos de otros. Había mucha bebida, pero el rey ordenó a los mayordomos no obligar a nadie a beber, sino según la voluntad de cada persona. Por otro lado, la reina Vasti organizó una serie de banquetes para las mujeres. Estos se celebraron en casa del rey Asuero. El último día de banquete, el séptimo, el rey Asuero estaba alegre porque había estado tomando vino (Esther I:7-10).

La reina Vasti desobedece las ordenes del rey Asuero

El séptimo día, Asuero envió a siete eunucos: Mehumán, Bizta, Harbona, Bigta, Abagta, Zetar y Carcas, quienes le servían, con órdenes de traer a la reina Vasti a su presencia. Debía llegar con su majestuosa corona. El deseo del rey era mostrar a los príncipes y al pueblo la extraordinaria belleza de su reina. No obstante, la reina Vasti no quiso presentarse ante Asuero. La reina desobedeció su orden; y el rey Asuero se enfureció (Esther I:8-12).

A causa del mal comportamiento de la reina Vasti, el rey Asuero se reunió con los sabios de Persia (era costumbre del rey Asuero reunirse con los sabios, conocedores de las leyes, cuando se trataba de casos difíciles). Se encontraban en la reunión siete príncipes de Persia: Carsena, Setar, Admata, Tarsis, Meres, Marsena y Memucán. Luego, el rey Asuero les preguntó, ¿qué castigo se le debía dar a la reina por haber desobedecido la orden del rey? Entonces, Memucán, uno de los príncipes, respondió:

«No solamente contra el rey ha pecado la reina Vasti, sino contra todos los príncipes, y contra todos los pueblos que hay en todas las provincias del rey Asuero. Porque este hecho de la reina llegará a oídos de todas las mujeres, y ellas tendrán en poca estima a sus maridos, diciendo: El rey Asuero mandó traer delante de sí a la reina Vasti, y ella no vino. Y entonces dirán esto las señoras de Persia y de Media que oigan el hecho de la reina, a todos los príncipes del rey; y habrá mucho menosprecio y enojo. Si parece bien al rey, salga un decreto real de vuestra majestad y se escriba entre las leyes de Persia y de Media, para que no sea quebrantado:

Que Vasti no venga más delante del rey Asuero; y el rey haga reina a otra que sea mejor que ella. Y el decreto que dicte el rey será oído en todo su reino, aunque es grande, y todas las mujeres darán honra a sus maridos, desde el mayor hasta el menor» (Esther I:13-20).

El rey Asuero destrona a Vasti

Las palabras de Memucán agradó al rey y los demás príncipes. El rey hizo todo conforme a lo expresado por el príncipe Memucán. Envió cartas a todas las ciudades, de acuerdo a la escritura de cada una de ellas. Los gobernadores de cada provincia debían publicar el comunicado en la lengua de cada pueblo. La carta iba dirigida a todos los hombres. Les ordenaba afirmar su autoridad en su casa. (Esther I:21-22).

La reina Vasti depuesta de su trono

Buscan jóvenes vírgenes y bonitas para ocupar el lugar de Vasti

Sosegada la ira del rey Asuero contra la reina Vasti; una noche, él recordó su sentencia. Entonces, dijeron al rey sus cortesanos, vamos a poner personas encargadas de buscar en todas las provincias de este reino, jóvenes vírgenes y bonitas. Estas doncellas deben ser traídas a Susa, capital de Persia, a la residencia real. En específico, a la casa de las mujeres del rey, al cuidado Hegai, el eunuco del rey (este eunuco era el centinela y responsable de todas las mujeres). Que les proporcionen atuendos, y la que agrade al rey, reine en lugar de Vasti. Al rey le encantó la idea, y así lo hizo (Esther II:1-4).

Escogieron varias jovenes para que el rey eligiera la de su agrado. Entre las escogidas se encontraba Esther. Todas estas muchachas estuvieron preparándose doce meses en el palacio del rey Asuero, antes de ser presentadas a él. Fueron seis meses con óleo de mirra y seis meses con perfumes aromáticos. Llegó el gran día, Esther fue llevada al rey; y él la amó más que a las demás mujeres. Puso el rey Asuero la corona real en su cabeza convirtiéndola en reina, en lugar de Vasti, su anterior esposa (Esther 2: 15-17).

Retomando los relatos del Midrash respecto a Vasti, este documento dice sobre ella, que era una política inteligente. El banquete que ella celebró para las damas del reino, era una astuta maniobra política. Se trataba de tomar a estas señoras como rehenes, en caso de surgir algún golpe de estado durante las fiestas del rey Asuero. Por otra parte, el escritor R. Abba b. Kahana expresa, que Vasti no era menos humilde que el rey Asuero. De acuerdo al autor, R. Jose b. Ḥanina, Vashti declinó la invitación del rey porque se había convertido en leprosa.

Aunque el asunto de la lepra, más bien parece una excusa, debido a que Vasti estaba muy bien celebrando con sus invitadas a la hora de rechazar la orden del rey. Por otra parte, quizás, lo que más molestó al rey fue el mensaje que Vasti le envió como respuesta a su enfado. Ella le dijo: "Tú eres el hijo del establo de mi padre. Mi abuelo podía beber antes que los mil" (Daniel. v. 1). Pero, en relación a la destitución de Vasti, todos los exégetas concuerdan que fue justiciera. Solamente, porque Vasti esclavizó a las jóvenes judías, y las obligó a trabajar desnudas el día de reposo, ellos concuerdan que tuvo un castigo bien merecido.

Interpretaciones feministas

La negativa de Vasti, publicada en el libro de Esther, ha sido objeto de admiración de parte de algunas feministas. Incluso, estas féminas han calificado la actitud de Vasti como épica. Sus primeros argumentos obedecen a los principios y coraje de Vasti. Primero, esta reina impuso la dignidad y respeto de sí misma, al no acudir a la presencia de Asuero. Segundo, Vasti dejó una lección de vida a todas las mujeres del mundo, sobre no permitir que sus maridos abusen física o sicologicamente de ellas.

La escritora Harriet Beecher Stowe (1811-1896), expresó acerca de la desobediencia de Vasti, que esta fue la "primera defensa de los derechos de la mujer". Entre tanto, la autora y activista de los derechos de la mujer Elizabeth Cady Staton (1815-1902) escribió que con su desobediencia, Vasti aumentó la gloria a su generación; porque "la resistencia a los tiranos es obediencia a Dios". Otras feministas se limitan a comparar el carácter y las acciones de Vasti con los de Esther, su sucesora.

La autora feminista judía canadiense Michele Landsberb dijo sobre Esther, protagonista de la historia y fiesta de Purim, quien salvó a su pueblo hebreo de la muerte: "Salvar al pueblo judío era importante, pero al mismo tiempo, toda la forma de ser sumisa y secreta [de Esther] era el arquetipo absoluto de la feminidad de la década de 1950. Pensé: Oye, ¿Qué le pasa a Vasti? Tenía dignidad. Tenía respeto por sí misma. Ella dijo: No voy a bailar para ti y tus amigos".

Imagen del destierro de Vasti

Catequesis:
¿Qué aprendimos de la Reina Vasti?

Vasti provino de una eminente familia real, donde su bisabuelo fue el rey Nabucodonosor de Babilonia. Su abuelo, el rey Amel Marduk, tercer rey de Babilonia. Su padre, el rey Belsasar, último rey del imperio babilónico. El padre de Vasti murió cundo una turba de medos y persas entraron al palacio real y lo asesinaron. Después, ellos secuestraron a Vasti, quien estuvo en manos del rey Darío de Persia, y este la casó con su sucesor, su hijo Asuero.

El Libro Esther, incluido en el Antiguo Testamento y el Tanaj, el cual se lee en la fiesta judía de Purim nos narra, que Vasti fue la primera esposa del rey Asuero. Pero, además, ella fue desterrada por desobedecer las ordenes de Asuero que le ordenaba presentarse en el banquete que él le estaba ofreciendo a los príncipes y altas personalidades de su reino. Pero, la tradición judía dice, que a Vasti se le ordenó aparecer desnuda o con poca ropa delante de los invitados del rey, para que ellos pudieran apreciar su encantadora belleza.

De ser como escriben algunos exégetas, sobre la negativa de Vasti de presentarse desnuda para exhibirse delante de los invitados del rey, el no obedecer fue una decisión correcta de la reina Vasti. En ese momento Vasti impuso, ante todo, su dignidad y decoro. También, el libro de Esther dice claramente, que el rey Asuero estaba ebrio, había estado tomando alcohol durante siete días consecutivos en su jornada de banquetes. ¡Uno de los dos debía estar sobrio y pensar! La reina Vasti lo hizo, y por su cordura fue desterrada.

Se impuso, por un lado, la soberbia que caracterizaba a los reyes; por el otro, el machismo que aún en nuestros días no ha desaparecido en algunos países del mundo. Las interpretaciones teológicas y feministas, siempre van a estar a favor de la conducta de Vasti, frente al deseo malsano del rey Asuero. En ese sentido, el rey Asuero perdió toda la proporción ecuánime que caracteriza a un rey, caballero y esposo.

Siguiendo el mismo contexto, lo más absurdo sobre el rey fue no recapacitar después de pasar su borrachera, sino buscar y aceptar las opiniones de sus subalternos, por cierto, desafortunadas para Vasti. La reina Vasti cometió un único error, no satisfacer los deseos del rey Asuero, y por eso fue destituida de su reinado. Al rey no le importó todo lo bueno que ella había hecho anteriormente, la desterró sin compasión. No obstante, la actitud de Vasti nos dejó un legado de principios y valores humanos que todas las mujeres debemos seguir.

¿Qué aprendimos de Vasti?

Primero: *Valorarnos a nosotras mismas como seres humanos y sexo más valioso, porque somos creadoras de vidas.*

Segundo: *Dar más importancia a los mandamientos del Señor, que a los efímeros placeres humanos.*

Tercero: *Qué nuestra dignidad o decoro esté por encima de cualquier evento que implique corrupción.*

Cuarto: *Respetarnos a nosotras mismas, tal como lo hizo Vasti, para que los demás nos respeten.*

Quinto: *Actuar correctamente en el presente, durante nuestro tiempo de vida, estableciendo un digno precedente para las generaciones futuras.*

Vasti, en su tiempo, siglo V a. C., pudo ser la primera activista de los derechos de la mujer. No creo que Vasti se arrepintió de no haber asistido a la presencia del rey Asuero, y complacerlo en su pedido. Ella demostró ser una mujer de carácter y decencia. Aunque haya sido desplazada del trono de Persia, su comportamiento siempre será digno de alabanza, y enaltecido por todas las personas de principios morales, respeto y prudencia.

Referencias:

(Daniel 5:1-16).

(Esther I:1-4).

(Esther I:5-6).

(Esther I:7-10).

(Esther I:8-12).

(Esther I:13-20).

(Esther I:21-22).

(Esther II:1-4).

(Esther 2: 15-17).

El Midrash (estudio o exégesis de la Biblia hebrea).

R. Abba b. Kahana.

(Daniel. v. 1).

Harriet Beecher Stowe (1811-1896).

Elizabeth Cady Staton (1815-1902).

Michele Landsberb.

Reina Esther, segunda esposa del rey Asuero

Las Mujeres de la Biblia
La Reina Esther

Ester era una jóven judía hija de Abihail de la tribu de Benjamín, del Reino de Judá. Su verdadero nombre era Hadassah, que significa Mirto (planta que produce una flor en forma de estrella). Quedó huerfana al cuidado de su primo Mardoqueo, quien la crió e instruyó en la Ley judía. Con el paso de los años Esther se convirtió en una hermosa doncella. En ese tiempo, el rey Asuero destituyó a su esposa, la reina Vasti, después que él la llamó a su presencia y ella se negó rotundamente a comparecer ante él (Esther 1: 13-22). Por su desobediencia, el rey decidió buscar una nueva reina entre las muchachas más bellas de Persia. Escogieron varias jovenes para que el rey eligiera la de su agrado. Entre las escogidas se encontraba Esther que no era persa, sino judía (Esther 2: 1-4). Pero, su primo y padre de crianza, Mardoqueo, le recomendó ocultar su origen judío (Esther 2:10).

Esther y las demás muchachas estuvieron preparándose doce meses en el palacio del rey Asuero, antes de ser presentadas a él. Fueron seis meses con óleo de mirra y seis meses con perfumes aromáticos. A cada una de ellas, le tocó visitar al rey. Llegó el gran día para Esther. Fue llevada al rey; y él la amó más que a las demás mujeres. Puso la corona real en su cabeza convirtiéndola en reina, en lugar de Vasti, su anterior esposa (Esther 2: 15-17). Un día, Mardoqueo escuchó a dos eunucos hablar de una conspiración para matar al rey Asuero y se lo comunicó a la reina Esther. Ella, obviamente, se lo dijo al rey Asuero quien abrió una investigación, resultando cierta la denuncia. Los dos eunucos fueron encontrados culpables y se les impuso la pena máxima, la muerte. Ambos murieron ahorcados (Esther 2: 19-23).

Complot de Amán para matar a los judíos

El texto bíblico relata que había un hombre llamado Amán, el primer ministro real, a quien el rey Asuero puso por encima de todos sus súbditos. De hecho, todos en el palacio debían arrodillarse ante él. Pero Mardoqueo era de origen judío, y nunca se arrodilló delante de Amán. Eso causó ira y odio en Amán hacia Mardoqueo. Amán no sólo pensó matar a Mardoqueo, sino a todos los judíos (Esther 3: 1-6).

Amán planeó la destrucción de los judíos que vivían en persia. Un día, se dirigió hacia donde estaba el rey y le dijo, que había un pueblo disperso en su reino que no respetaba sus leyes. Inmediatamente, Amán le solicitó autoridad para destruir a toda esa gente. El rey aceptó sin profundizar en el asunto porque confiaba mucho en Amán (Esther 3: 8-11).

Una vez Amán logró su objetivo, obteniendo la autorización del rey, él llamó a los escribanos del palacio y ellos escribieron un decreto con instrucciones específicas ofrecidas por el mismo Amán. Esa orden se selló con el anillo del rey y fue enviada a todas las provincias. La disposición real decía lo siguiente: **"Destruir, matar y exterminar a todos los judíos, jóvenes y ancianos; niños y mujeres, en un mismo día"** *(Esther 3:12-15).*

Ese mandato emitido a nombre del rey Asuero, pero planeado por su primer ministro Amán, causó mucho sufrimiento en todo el pueblo judío que vivía en Persia. Mardoqueo y los judíos de todas las provincias donde llegaba esa orden real, se vistieron de cilicio y ceniza, clamando con amargo dolor (Esther 4: 1-3). Las doncellas y eunucos de la reina Esther fueron donde ella, a informarle de las condiciones que se encontraba Mardoqueo (Esther 4: 4).

Esther llamó a un eunuco de confianza, a su servicio, y le encomendó ir a ver a Mardoqueo. El propósito era preguntarle ¿por qué él estaba en esas condiciones? Cuando el eunuco preguntó a Mardoqueo, este le dijo todo lo acontecido. Le entregó al eunuco copia del documento que Amán había elaborado, y le pidió entregarlo a la reina Esther. También, Mardoqueo envió un mensaje a la reina Esther en el cual le pedía, fuera a ver al rey y le solicitara su intervención a favor del pueblo judío. El eunuco contó a Esther todo lo declarado por Mardoqueo (Esther 4: 5-9).

A pesar de la petición de su tío Mardoqueo, Esther no estaba autorizada visitar a su esposo el rey, sin su permiso. Había en el palacio reglas que todos debían cumplir, entre esas estaba pedir audiencia para ver al rey. Nadie podía verlo sin solicitud o previo aviso. Esther envió un mensaje a Mardoqueo, el cual solicitaba a todos los judíos ayunar y orar durante tres días. Añadió al mismo que ella también lo haría, y al final visitaría al rey, así muriera por faltar a sus leyes (Esther 4: 15-17).

La reina Esther visita al rey Asuero

*Al tercer día, después de ayunar y orar a Yahveh, la reina Esther se vistió con su ropa real y fue al patio interior de la casa del rey, el cual estaba ubicado frente a su aposento. El rey estaba sentado frente a la puerta cuando vio a la reina Esther, y se alegró mucho. Después extendió a la reina el cetro de oro que tenía en la mano, y ella vino y tocó su punta. El rey entonces le preguntó: **"¿Qué tienes, reina Ester, y cuál es tu petición? Hasta la mitad del reino se te dará"**.*

*A pesar del recibimiento del rey Asuero a la reina Esther, ella se limitó a decir: **"Si place al rey, vengan hoy el rey y Amán al banquete que he preparado"**. El rey Asuero aceptó con agrado la invitación, y envió a uno de sus criados a llamar a Amán (Esther 5: 1-5). Una vez en el banquete, miestras bebían vino, el rey Asuero preguntó a la reina Esther: **"¿Cuál es tu demanda?"**. Sin embargo,* *la reina Esther sólo le mostró agrado y cortesía, y lo invitó a otro banquete al siguiente día (Esther 5: 6-8).*

En esa ocasión, Amán salió feliz del banquete, pero su alegría terminó cuando vio a Mardoqueo sentado a la puerta del palacio del rey. Pero Amán dominó su ira y fue a su casa a contarle a todos sus logros junto al rey, hasta el punto de ser apreciado por la reina Esther quien lo invitó a otro banquete. A ese comentario Amán agregó con total desagrado, que lo único que le molestaba era la presencia de Mardoqueo sentado a la puerta del palacio.

Esa explicación de Amán sobre el enfado que le ocasionaba ver a Mardoqueo, dio lugar a que tanto su esposa Zeres, como sus amigos presentes, lo aconsejaran preparar una horca de cincuenta codos de altura. Luego, le propusiera al rey que lo ahorcara. Esa idea le agradó a Amán quien ordenó le prepararan una horca (Esther 5: 9-14).

El rey Asuero revisa el libro de Memorias y Crónicas

Por otra parte, esa misma noche el rey perdió el sueño, y solicitó a sus siervos le trajeran el libro de las memorias y crónicas. Requirió las leyeran en su presencia. Ahí estaba escrita una denuncia de Mardoqueo sobre un complot para matar al rey organizado por Bigtán y Teres (dos eunucos del palacio pertenecientes a la guardia de la puerta real), quienes planearon matar al rey Asuero. Solamente Mardoqueo escuchó sobre sus oscuros planes, y los denunció.

Al escuchar lo expuesto en esa nota, el rey preguntó, ¿qué honra o distinción se le otorgó a Mardoqueo por eso? Sus servidores respondieron que nada se hizo al respecto. En ese momento, Amán se encontraba en el patio haciendo los preparativos para la horca de Mardoqueo. El rey escuchó a alguien fuera de su dormitorio, y preguntó a los siervos quién estaba en el patio, y ellos respondieron que Amán. Entonces, el rey ordenó llamarlo (Esther 6: 1-9).

Cuando Amán acudió a la presencia del rey, este le dijo:

"¿Qué se hará al hombre cuya honra desea el rey?".

Amán, pensando que se trataba de él respondió:

"Para el varón cuya honra desea el rey, traigan el vestido real que el rey se viste, y el caballo en que el rey cabalga, y la corona real que está puesta en su cabeza; y den el vestido y el caballo en mano de alguno de los príncipes más nobles del rey, y vistan a aquel varón cuya honra desea el rey, y llévenlo en el caballo por la plaza

de la ciudad, y pregonen delante de él: Así se hará al varón cuya honra desea el rey".

(Esther 6: 10-11).

El rey entonces ordenó a Amán que hiciera todo eso con el judío Mardoqueo. Las siguientes, fueron las palabras textuales del rey Asuero:

«Date prisa, toma el vestido y el caballo, como tú has dicho, y hazlo así con el judío Mardoqueo, que se sienta a la puerta real; no omitas nada de todo lo que has dicho. Y Amán tomó el vestido y el caballo, y vistió a Mardoqueo, y lo condujo a caballo por la plaza de la ciudad, e hizo pregonar delante de él: Así se hará al varón cuya honra desea el rey».

Posterior a ese hecho, en el cual el rey galardonó a Mardoqueo, este regresó a la puerta real. Entretanto, después de Amán obedecer las órdenes del rey vistiendo a Mardoqueo con ropa real, llevando a este sobre el caballo del rey por toda la plaza, y pregonando: **"Así se hará al varón cuya honra desea el rey"**; *se fue rápido a su casa angustiado y cubriendo su cabeza. Al llegar, refirió a su esposa Zeres y a sus amigos lo sucedido. Entonces, los sabios que siempre lo acompañaban dijeron a Amán:*

"Si de la descendencia de los judíos es ese Mardoqueo delante de quien has comenzado a caer, no lo vencerás, sino que caerás por cierto delante de él".

(Esther 2:13).

Todavía estaban ellos conversando, cuando llegaron los eunucos del rey Asuero a llevar a Amán al banquete que la reina Esther había preparado. Era el segundo día de banquete, ofrecido por la reina Esther al rey Asuero y su primer ministro Amán (Esther 6:12-14).

Último banquete de la reina Esther

Mientras degustaban los alimentos y bebían vino, el rey Asuero volvió a preguntar a la reina Esther cuál era su demanda. El rey intuía que ella quería solicitarle alguna cosa. Esas fueron las palabras del rey: **"Cuál es tu petición, reina Ester, y te será concedida? ¿Cuál es tu demanda? Aunque sea la mitad del reino, te será otorgada"**. *De hecho, esa era la tercera vez que el rey Asuero preguntaba a la reina Esther por su deseo. La primera fue, cuando la reina entró sin su permiso a los predios de su habitación real. La segunda, mientras disfrutaban el primer banquete. Ahora bien, en esta ocasión la reina Esther respondió su pregunta, y dijo:*

"Oh rey, si he hallado gracia en tus ojos, y si al rey place, séame dada mi vida por mi petición, y mi pueblo por mi demanda. Porque hemos sido vendidos, yo y mi pueblo, para ser destruidos, para ser muertos y exterminados. Si para siervos y siervas fuéramos vendidos, me callaría; pero nuestra muerte sería para el rey un daño irreparable".

(Esther 7:1-4).

Sorprendido, el rey Asuero dijo a la reina Esther: **"¿Quién es, y dónde está el que ha ensoberbecido su corazón para hacer esto?"**. *La reina Esther respondió:* **"El enemigo y adversario es este malvado Amán"**. *El rey enfurecido se fue del banquete al huerto del palacio. Mientras tanto, Amán suplicó a la reina Esther por su vida. Después de algún tiempo, el rey Asuero regresó al banquete y encontró a Amán sobre el lecho donde se encontraba la reina Esther; y le dijo:* **"¿Querrás también violar a la reina en mi propia casa?"**. *Estaba allí uno de los eunucos del rey, de nombre Harbona,* *que sabía de las malas intenciones de Amán hacia Mardoqueo. Entonces dijo al rey, que en casa de Amán había una horca de cincuenta codos para colgar a Mardoqueo. Al escuchar eso, el rey dispuso que colgaran a Amán en ella (Esther 7:5-10).*

La reina Esther intercede por su pueblo judío, ante el rey Asuero

Ese mismo día, después de la muerte de Amán, el rey Asuero regaló a la reina Esther la casa que perteneció a Amán; pero la reina se la concedió a su primo y padre de crianza. La reina Esther le reveló al rey Asuero su parentezco con él. Entonces, el rey lo llamó a su presencia, y Mardoqueo se presentó frente al rey Asuero. También, el rey dio a Mardoqueo el anillo que perteneció a Amán.

A todo esto, el problema de la muerte de los judíos no estaba resuelto. La reina Esther estaba sumamente preocupada, entonces volvió a entrar a la habitación del rey sin su permiso. Llorando, la reina Esther se echó a los pies del rey Asuero y le suplicó hiciera nula la maldad de Amán. Al escuchar su solicitud, el rey extendió a la reina Esther el cetro de oro. La reina, poniendose de pie delante del rey Asuero; le dijo:

"Si place al rey, y si he hallado gracia delante de usted, y si le parece acertado al rey, y yo soy agradable a sus ojos, que se dé orden escrita para revocar las cartas que autorizan la trama de Amán…, que escribió para destruir a los judíos que están en todas las provincias del rey. Porque ¿cómo podré yo ver el mal que alcanzará a mi pueblo? ¿Cómo podré yo ver la destrucción de mi nación?".

(Esther 8:1-6).

La reina Esther delante del rey Asuero

El rey escuchó la petición de la reina Esther, pero él no podía anular el anterior decreto; eso no era posible. Un decreto real era irrevocable. Pero lo que el rey sí podía hacer era emitir otro decreto; y así lo hizo. Autorizó a la reina Esther y a Mardoqueo que redactaran el documento, el cual fue sellado con el anillo del rey. Esta disposición real concedía facultad de defensa, a todos los judíos que se encontraban en las distintas ciudades del reino Persia. Ellos podían reunirse y defenderse de toda fuerza armada que quisiera destruirlos. Así dijo el rey Asuero a la reina Esther y Mardoqueo:

«Escribid, pues, vosotros a los judíos como bien os pareciere, en nombre del rey, y selladlo con el anillo del rey; porque un edicto que se escribe en nombre del rey, y se sella con el anillo del rey, no puede ser revocado».

El nuevo decreto real decía lo siguiente:

Entonces fueron llamados los escribanos del rey en el mes tercero, que es Siván, a los veintitrés días de ese mes; y se escribió conforme a todo lo que mandó Mardoqueo, a los judíos, y a los sátrapas, los capitanes y los príncipes de las provincias que había desde la India hasta Etiopía, ciento veintisiete provincias; a cada provincia según su escritura, y a cada pueblo conforme a su lengua, a los judíos también conforme a su escritura y lengua. Y escribió en nombre del rey Asuero, y lo selló con el anillo del rey».

(Esther 8:8-10).

Imagen de la reina Esther y Mardoqueo

Se envió copia de ese edicto a Susa, capital del reino. Posteriormente, salió Mardoqueo del palacio real delante del rey, con vestimenta real. Sus colores eran azul y blanco. También sostenía en su pecho un manto de lino y purpura y en su cabeza una corona de oro. Su ayuda fue gran felicidad para los judíos. Todos los que vivían en la ciudad de Susa se regocijaron. Asimismo, todos los de las provincias y ciudades donde llegaba el nuevo decreto del rey. Esa gran victoria dio lugar a que muchos persas se convirtieran al judaísmo (Esther 8:7-17).

Llegó el día en que debía ejecutarse el decreto que el rey Asuero había emitido bajo la influencia de su primer ministro Amán, pero los judíos estaban preparados para defenderse conforme al segundo decreto del rey Asuero. Por otra parte, todos los príncipes, capitanes y oficiales del rey apoyaron a los judíos por temor a Mardoqueo a quien el rey fortaleció, y fue grande en su reino. Mardoqueo sustituyó a Amán convirtiéndose en el primer ministro del rey Asuero.

El apoyo ofrecido por la reina Esther y Mardoqueo fue favorable para los judíos quienes salieron victoriosos. Debido a su éxito, Mardoqueo envió cartas a todos los judíos ordenando que los días decimocuarto y decimoquinto del mes de Adar fueran festivos. El comunicado decía que, durante esa fiesta debían compartir alimentos con sus vecinos, y enviar dádivas a los pobres. Esa celebración se denomina: "Fiesta de Purim". Porque el término Pur significa suerte (Esther 9:1-32).

Desde entonces, esa festividad se realiza entre los judíos. El término Purim proviene de Pur, o sea, suerte. La suerte que el malvado de

Amán echó sobre los judíos, y su maldad se volvió contra él. El rey Asuero engrandeció a Mardoqueo nombrándolo ministro real. En efecto, Mardoqueo tuvo poder y autoridad en todo el reino. Fue el segundo en mando después del rey. Hoy día, sabemos todas esas cosas porque fueron registradas en el bíblico e histórico libro de la reina Esther (Esther 10:1-3).

Etimología del término Purim

*Purim es un término utilizado en el idioma hebreo. El singular de Purim es Pur. Desde tiempos antiguos, hasta los modernos que disfrutamos hoy día, esta palabra se ha identificado con **"Hagoral"**, un vocablo cuyo significado está asociado a "la suerte". Es empleado por el pueblo hebreo desde el siglo V a. C. El Webster's Dictionary y el Chambers's Twentieth Century Dictionary, ambos concuerdan que la etimología del término Purim es de origen hebreo.*

*Algunos exegetas piensan que la expresión **"Pur"** proviene del idioma persa. Ernest Klein sugiere, que Purim procede del acadio "puru", la antigua lengua de Mesopotamia hablada por asirios y babilonios. Esta, a su vez, del sumerio "bur", del viejo lenguaje de Sumer; también de los habitantes de Mesopotamia. Sin embargo, no existen pruebas fehacientes que indiquen con certeza el verdadero nacimiento etimológico de la locución Purim.*

Panteón de la Reina Esther

El panteón de la reina Esther está ubicado en Ecbatana, la antigua capital de los medos, la actual Hamadán. En esta ciudad estaba la antigua residencia de verano de los reyes de Persia. Después de la muerte del rey Asuero, la reina Esther y su primo Mardoqueo se retiraron y vivieron en este lugar, hasta sus últimos días. Ambos comparten el mismo mausoleo, el cual se ha convertido en un famoso lugar de peregrinaje. Antes de llegar a sus tumbas, el visitante debe atravesar un pequeño jardín de rosas.

En la entrada, hay un espacio utilizado como sinagoga donde vienen de todo Irán parejas de novios judíos a casarse. Desde este lugar, y a través de unos escalones, se llega a las tumbas de la reina Esther y Mardoqueo. Próximo a los sepulcros se pueden leer varios mensajes judíos grabados en los muros adyacentes. A la derecha de las escaleras se encuentran, grandes letras mostrando una inscripción en arameo, la cual debe leerse de izquierda a derecha. Su traducción al español es:

«*Ama a tu prójimo como a ti mismo*».

La imagen más antigua, que se conserva, del sepulcro de la reina Esther, es una imagen de Eugene Flandin del año 1840. La misma fue publicada en el Diario Voyage en Perse, en el 1851. A pesar de la antigüedad, su aspecto actual es el mismo de ese tiempo. El diseño interior del edificio muestra doble espacio, cámara sepulcral y sala común. Además, una cúpula corona la tumba. Las tumbas de la reina Esther y Mardoqueo son de madera e imitan sarcófagos.

Estos sarcófagos fueron restaurados por el artista persa, Enayatollah Tusserkhani en el 1970. Los originales se quemaron en un incendio a finales del siglo XIX. Sólo quedó una litografía de

Eugene Flandin. La ignición se originó debido a las velas que los peregrinos dejaban cerca de las tumbas. El patio adyacente a las sepulturas fue ampliado, y se construyó una sinagoga a nivel de la calle de acceso del área privada de los mausoleos.

El panteón ofrece un estilo moderno propio de los años 1970s. Fue diseñado por el arquitecto iraní judío, Elías Yassi Gabbay. También, él diseñó la escultura situada en la fachada frente a la calle que representa el trono del rey Asuero. Cada año miles de peregrinos vienen a Hamadán, Persia. Personas de todas las ciudades judías de Irán, Isfahán, Teherán, Yazd y Mashhad. Asimismo, gente de distintos países de Europa. Obviamente, la tumba de la reina Esther es más visitada para la fiesta de Purim.

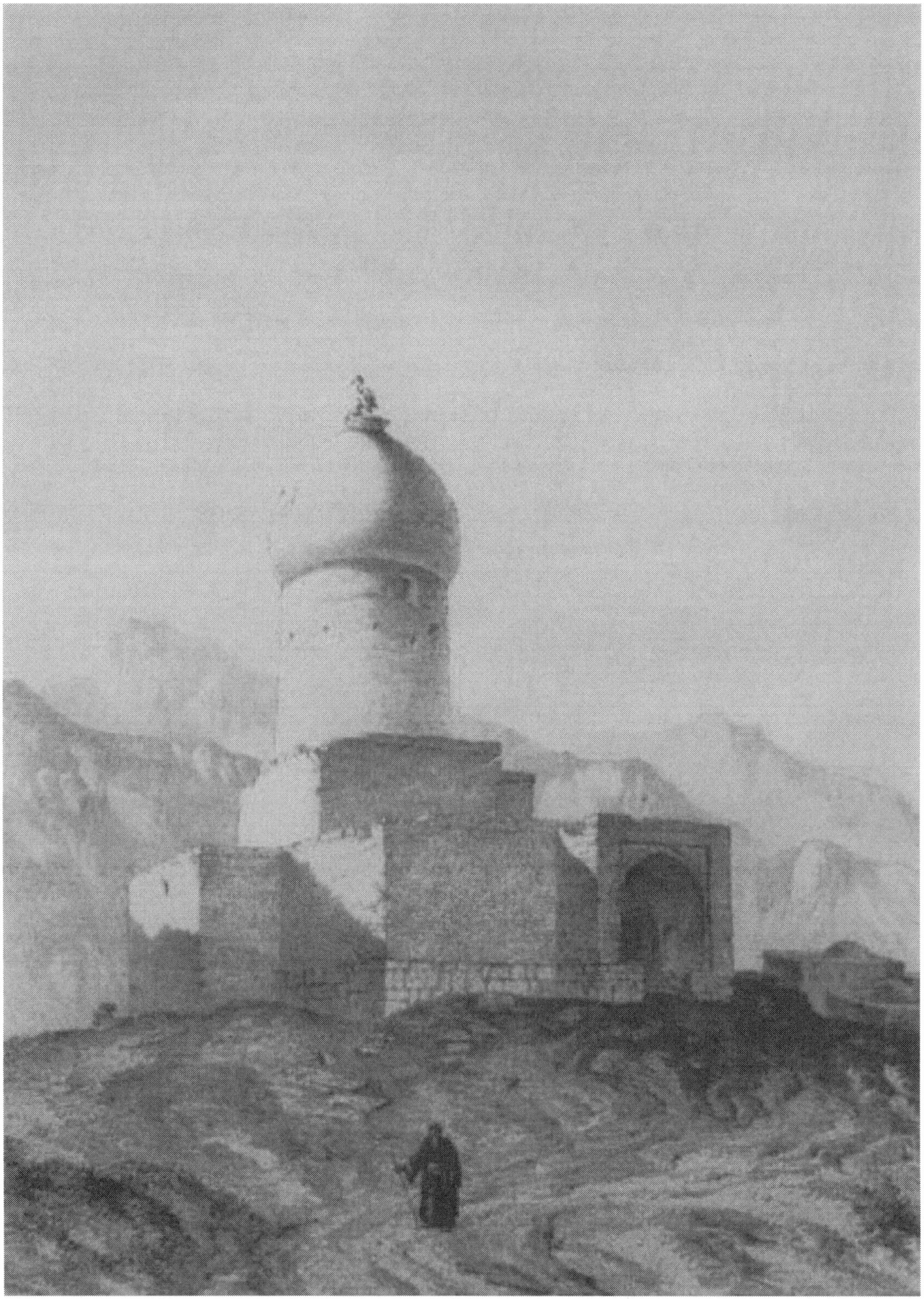

Personajes del Libro de Esther

El rey Asuero

El rey Asuero tuvo un brillante reinado. Gobernó desde la India hasta Etiopía, un total de 127 provincias. El rey Asuero decidió sustituir a la reina Vasti, después que ella se negó asistir a un llamado suyo donde esta reina mostraría su real porte y hermosura al pueblo persa y a los príncipes del reino.

La reina Esther

Esther era hija de Abihail, quien era tío de Mardoqueo. Los padres de Esther murieron, y ella quedó huérfana. Por tal razón, su primo Mardoqueo la adoptó y educó, tratándola como una verdadera hija. Esther era una joven de buena educación y hermosa figura. Su nombre hebreo era Hadassa, significa, Mirto; pero este le fue cambiado a Esther que es de origen babilónico. Esther significa, "estrella". Esther fue proclamada reina de Persia en sustitución de la reina Vasti. La reina Esther se ganó el cariño y simpatía, tanto de los judíos, como de los persas.

Mardoqueo

Mardoqueo era hijo de Yaír (Jaír) quien, a su vez, era hijo de Semeí (Simey), hijo de Quis (Cis), de la tribu de Benjamín. Mardoqueo adoptó a Esther después que ella quedó huérfana de padre y madre. La instruyó en la Ley judía. Esther creció y fue una doncella educada y hermosa figura.

Amán

Amán era hijo de Hamdathá (Hamedata), originario de la ciudad de Agag. El rey Asuero lo nombró primer ministro de su reino, el más alto cargo. Amán estaba por encima de los otros funcionarios reales. Amán empezó a mostrar cierta aversión hacia Mardoqueo, quien debido a su religión no se arrodillaba ni inclinaba ante él como había ordenado el rey Asuero.

A través de la actitud de Mardoqueo hacía él, Amán empezó a odiar no sólo a Mardoqueo, también a todos los judíos. Por tanto, Amán procuró destruir a todos los hebreos. Amán era descendiente de Agag, rey de Amalec, quien fue asesinado por el profeta Samuel. A partir de la muerte del rey Agag, sus descendientes juraron matar a todos los judíos.

Vasti

Vasti fue la primera esposa del rey Asuero. Fue sustituida por la reina Esther después que ella se negó asistir a un banquete del rey Asuero. Sucedió, cuando el rey organizó un ostentoso banquete para sus príncipes, nobles y subalternos. Mientras tanto, la reina Vasti realizó otro, sólo para mujeres de la nobleza y las relacionadas al imperio. Fueron siete días de celebración. El séptimo día de banquete, el rey estaba feliz y ordenó a sus chambelanes convocar a Vasti para presentarse ante él y sus invitados con su majestuosa corona y esplendorosa belleza.

Sin embargo, la reina Vasti rehusó la invitación del rey Asuero. Eso provocó el enojo del rey, quien pidió consejo de los nobles de la corte real a fin de castigar su desobediencia. A su solicitud, el portavoz de los siete príncipes medo-persa, de nombre Memucán, dijo al rey, que Vasti no sólo lo había ofendido a él como rey, también a todos los maridos de Persia. Su punto se censura descansaba en la desobediencia. De manera que, las esposas podían imitar la acción de Vasti y transgredir a sus maridos. Debido a su mala actitud, Memucán sugirió al rey buscar una nueva reina.

La proposición de Memucán fue respaldada por los príncipes, quienes concordaron en sustituir a Vasti por otra reina merecedora de tal distinción. Por su parte, el rey Asuero decidió tomar el consejo de Memucán de destituir a Vasti y buscar una nueva reina de Persia. El Midrash (exégesis de un texto bíblico), describe a Vasti como mujer mala y vana.

Catequesis:
¿Qué aprendimos de la Reina Esther?

Podemos aprender Muchas cosas de la reina Ester, pero veremos las más relevantes a continuación:

Primero*: Fe en Yahveh, Dios único. A pesar de su belleza y posición social, la reina Esther buscó primero la ayuda de Dios Padre, orando y ayunando, e indicando al pueblo judío hacer lo mismo a fin de obtener su misericordia. Porque Yahveh todo lo puede, y para Él no hay nada imposible. Efectivamente, la reina Esther reconoció su vulnerabilidad humana y se refugió en la potestad del Todopoderoso (Filipenses 2:3).*

Segundo*: Pureza del alma y humildad. Estas dos virtudes hicieron la diferencia entre la reina Esther y las demás vírgenes que fueron llevadas junto a ella al palacio real del rey Asuero, para elegir entre ellas a la próxima reina de Persia. Los valores espirituales de Esther fueron determinantes para sobresalir, y ser la candidata idónea de ocupar tan alto honor. Por todos sus encantos, Esther fue elegida reina de Persia siendo de origen judío.*

Tercero*: Obediencia. La reina Esther era huérfana y fue educada por su primo Mardoqueo a quien ella veía como a un padre, y obedecía en todo. Mardoqueo aconsejó a Esther no divulgar su origen judío porque él supuso que eso podía molestar a los persianos. Esther lo obedeció, y solamente reveló su origen y el parentesco entre ellos, cuando defendió de la muerte a su pueblo hebreo.*

Cuarto: *Generosidad. La reina Esther no era egoístas pensando sólo en su bienestar personal y posición real. Esta honorable dama antepuso sus propios intereses por compasión hacia sus compatriotas. Ella arriesgó su vida violando las leyes impuestas por el rey Asuero, las cuales eran precisas sobre no interrumpir su privacidad entrando a su casa real si él no lo autorizaba, o llamaba a alguien a comparecer delante de él.*

Quinto: *Valiente. La reina Esther era educada y respetuosa; y también valiente. Entró al patio interior de la casa del rey Asuero, sin su permiso. Con certeza, la reina Esther estaba protegida por Yahveh. El Señor escucho sus súplicas y la de su pueblo, durante los tres días de oración y ayuno. Esa protección Divina ayudó a la reina Esther a ser bienvenida por el rey; incluso, sin haber sido llamada por él. La reina Esther era respetuosa, ella jamás habría sobrepasado sus límites si el caso no hubiera tenido importancia.*

Sin embargo, la reina Esther tuvo que excederse e ir a la presencia de su esposo, el rey Asuero, para impedir se cometiera injusticia con todo el pueblo judío. Se trataba de un complot mal intencionado del primer ministro del rey de nombre Amán. Por fortuna, la reina Esther pudo hablar con el rey Asuero y él intercedió a favor de los judíos. Por supuesto, el rey castigó a Amán con la máxima pena de muerte, la horca.

Sexto: *Educación, amabilidad y delicadeza. La reina Ester fue correcta, afable y sutil en su trato con el rey Asuero. Cuando la reina habló con el rey, tuvo mucho tacto. Fue respetuosa, aunque valiente. La reina Esther buscó el momento apropiado para hablarle de su angustia sobre la amenaza de muerte que pesaba* *sobre el pueblo hebreo. Primero, la reina Esther agradó al rey Asuero ofreciéndole dos diferentes banquetes; luego, ella le expuso su preocupación (Salmo 31:24).*

Séptimo: *Valor. La reina Ester no sintió miedo de hablar con el rey Asuero sobre el complot que había tramado su primer ministro Amán en contra de todos los judíos, ya que este era el preferido del rey. Por esa razón, la reina Esther no sabía cómo el rey iba a reaccionar y juzgar su denuncia. No obstante, la reina Esther sentía que estaba haciendo lo correcto. Tampoco, esta distinguida dama tuvo miedo de revelar al rey Asuero su verdadera identidad de mujer judía; sobre todo, en un momento crítico para toda esa población.*

La reina Ester es un modelo de fe, generosidad, dignidad, humildad, amabilidad y valentía. Esta valiosa reina dejó un excelente legado de amor, fidelidad y justicia.

- ***De amor***: *Porque debemos amarnos unos a otros, sin importar la raza, religión, color de piel, etc.*

- ***De fidelidad***: *Porque debemos ser fieles a las causas de Yahveh haciendo el bien a nuestros hermanos. Unirnos para defender los derechos intrínsecos o inalienables de todos los seres humanos. Debemos estar unidos, sobre todo, cuando existen momentos difíciles que amenacen la vida de nuestros hermanos. Por todo lo antes expresado, los hechos épicos de la reina Esther constituyen ejemplos valiosos e ineludibles que todos debemos considerar y aplicar, si fuera necesario.*

- ***De justicia***: *Porque no debemos permitir la impunidad. No podemos menospreciar a otros seres humanos, ni estar de acuerdo con prácticas inhumanas. Todavía peor, permitir que alguien mate a seres humanos inocentes por un sentimiento de desprecio, odio, rencor o venganza.*

Referencias:

- *(Esther 1: 13-22).*
- *(Esther 2: 1-4).*
- *(Esther 2:10).*
- *(Esther 2: 15-17).*
- *(Esther 2: 19-23).*
- *(Esther 3: 1-6).*
- *(Esther 3: 8-11).*
- *(Esther 3: 12-15).*
- *(Esther 4: 1-3).*
- *(Esther 4: 4).*
- *(Esther 4: 5-9).*
- *(Esther 4: 15-17).*
- *(Esther 5: 1-5).*
- *(Esther 5: 6-8).*
- *(Esther 5: 9-14).*
- *(Esther 6: 1-9).*
- *(Esther 6: 10-11).*
- *(Esther 6:12-14).*
- *(Esther 7:1-4).*
- *(Esther 7:5-10).*

- *(Esther 8:1-6).*
- *(Esther 8:7-17).*
- *(Esther 9:1-32).*
- *(Esther 10:1-3).*
- *(Filipenses 2:3).*
- *(Salmo 31:24).*
- *(1 Pedro 3: 3-4).*

Reina Mical, primera esposa del Rey David

Las Mujeres de la Biblia
La Reina Mical

Mical fue la hija menor de Saúl, rey de Israel. Su madre fue Ahinoam. El relato bíblico expresa, que la princesa Mical tuvo cuatro hermanos varones: Jonatán, Abinadab, Malquisúa e Isbaa. También, una hermana hembra de nombre, Merab; todos nacidos de los mismos padres (I Samuel 14: 49-50). David estaba al servicio del rey Saúl y se reunían para hablar de asuntos gubernamentales. Un día, después que David terminó de hablar con el rey Saúl, uno de los hijos del rey llamado Jonatán se identificó con David y le expresó su afecto hacia él. Ambos hicieron un pacto de amistad (I Samuel 18: 1-5).

Israel estaba en guerra con los filisteos. David había adquirido gran fama de valiente, después de matar a Goliat. Salió el rey con David y su ejército a pelear contra ese pueblo enemigo. En esa batalla, David fue el héroe porque mató al jefe de los filisteos. Al regresar el rey Saúl con David, salieron todas las mujeres de las distintas ciudades de Israel a recibirlos. Ellas estaban con sus panderos, cantaban y danzaban diciendo:

> **«Saúl hirió a miles, y
> David a sus diez miles».**

Ese dicho de las mujeres causó en el rey un enorme enojo, y él decía:

> **«A David dieron diez miles, y a mí miles;
> Sólo le falta el reino».**

Dice la Biblia que desde ese día nació en el rey Saúl una antipatía hacia David (I Samuel 18: 6-8).

La ira del rey Saúl contra David

El Rey Saúl intenta matar a David

Al amanecer del día siguiente, el rey Saúl despertó malhumorado. Las Sagradas Escrituras dicen: **"Un espíritu malo tomó a Saúl, y él desvariaba en medio de la casa"**. *Entre tanto, David tocaba su arpa como era su costumbre. Entonces, el rey le arrojó a David dos lanzas, una seguida de la otra. Cada vez que el rey la lanzaba, decía: "Enclavaré a David en la pared". Pero David evadió la lanza en las dos ocasiones. Obviamente, Saúl más que celoso, estaba temeroso de David. Saúl sentía que el espíritu de Yahveh lo había abandonado, y estaba con David. La conducta de David era intachable (I Samuel 18: 9-15).*

Israel y Judá amaban a David. Luego, el rey dijo a David: "Te daré a mi hija mayor, Merab, por mujer con tal que seas hombre valiente, y pelees las batallas de Yahveh". Pero, en realidad, lo que el rey deseaba era que David muriera en una de esas batallas. Porque Saúl decía: "No será mi mano contra él, sino que será contra él la mano de los filisteos". No obstante, David humildemente respondió al rey Saúl: "¿Quién soy yo, o qué es mi vida, o la familia de mi padre en Israel, para que yo sea yerno del rey?". Cuando se cumplió el tiempo de Saúl entregar a su hija Merab a David, el rey la cedió a otro hombre, de nombre Adriel Meholatila (I Samuel 18: 16-19).

El rey Saúl propone a David casarse con Mical

Por otro lado, Mical, hija menor del rey Saúl, estaba enamorada de David. Los siervos del rey se lo dijeron, y a él le agradó y dijo: "Yo se la daré, para que le sea por lazo, y para que la mano de los filisteos sea contra él". Luego, el rey dijo a David: "Tú serás mi yerno". Después envió a sus siervos a decirle a David que él lo amaba, que aceptara ser yerno del rey. Pero David respondió: "¿Os parece a vosotros que es poco ser yerno del rey, siendo yo un hombre pobre y de ninguna estima?". Los siervos de Saúl le llevaron la respuesta de David. Entonces, el rey Saúl envió a sus siervos donde David con otro mensaje:

*"Decid así a David: **El rey no desea la dote, sino cien prepucios de filisteos, para que sea tomada venganza de los enemigos del rey".***

En realidad, la estrategia del rey Saúl era hacerle creer a David que él lo apreciaba, para que este aceptara pelear contra los filisteos y muriera.

(I Samuel 18: 20-25).

Lógicamente, David creyó las palabras del rey Saúl, y le pareció justo lo que él demandaba para convertirse en su yerno. Por lo tanto, David decidió salir con su gente a pelear contra los filisteos. David mató doscientos hombres de los filisteos, y trajo al rey, no cien prepucios como el rey le había pedido, sino doscientos. Con esta acción David demostró merecer ser yerno del rey. Por su parte, Saúl vio que Yahveh estaba con David, y por eso se convirtió en su enemigo. Posterior a esto, salieron los príncipes de los filisteos en campaña de guerra contra las tropas del rey Saúl. Pero, cada vez que salía David con su ejército tenía más éxito. Así, David fue ganando la estima y admiración del pueblo (I Samuel 18: 26-30).

David huye del rey Saúl

El rey Saúl desea matar a David

Después de ese evento, el rey Saúl llamó a su hijo Jonatán y a todos sus siervos, y les dio órdenes de matar a David. Jonatán quería mucho a David, y a pesar de ser una orden del rey, su padre, él le avisó a David lo que su padre estaba tramando. Le advirtió y dijo que se escondiera. Además, Jonatán prometió a David hablar con su padre para persuadirlo de esa mala idea. Así lo hizo. Jonatán dijo a su padre, el rey Saúl: "No peque el rey contra su siervo David, porque ninguna cosa ha cometido contra ti, y porque sus obras han sido muy buenas para contigo; pues él tomó su vida en sus manos, y mató a los filisteos, y Yahveh dio gran salvación a todo Israel. Tú lo viste, y te alegraste; ¿por qué, pues, pecarás contra la sangre inocente, matando a David sin causa?" (I Samuel 19: 1-5).

El rey Saúl escuchó las palabras de su hijo Jonatán, y juró no matarlo, diciendo: "Vive Yahveh, que no morirá". Jonatán fue donde David y le comunicó lo que había dicho su padre, el rey, y él mismo llevó a David frente al rey Saúl. A partir de ese momento todo volvió a ser como antes, entre el rey Saúl y David. De nuevo, hubo guerra contra los filisteos, y David peleó e hizo gran estrago en el terreno enemigo; de tal forma, que los filisteos huyeron. Debido al triunfo de David, la cólera regresó a Saúl. Al oscurecer, Saúl estaba sentado en su casa sosteniendo una lanza, mientras David se encontraba cerca de él tocando el arpa. El rey Saúl trató de atravesar a David con su lanza, pero, aquella noche, David pudo escapar de la furia de Saúl (I Samuel 19: 6-10).

Mical ayuda a David a escapar

Mical ayuda a David a escapar de la muerte

Aunque los versículos bíblicos no relatan la boda de David y Mical, después que David trajo al rey los doscientos prepucios de los filisteos, como había acordado el rey con David para darle a su hija Mical de esposa; ahora, el versículo once habla de Mical como mujer de David. Dice lo siguiente: "Saúl envió luego mensajeros a casa de David para que lo vigilasen, y lo matasen a la mañana. Mas Mical su mujer avisó a David, diciendo: Si no salvas tu vida esta noche, mañana serás muerto". Mical salvó la vida de David descolgándolo por una ventana. De esa manera, David huyó y escapó. De inmediato, Mical tomó una estatua, la puso sobre la cama y le acomodó una almohada de pelo de cabra en su cabecera. Luego, cubrió la figura con ropa de cama (I Samuel 19: 11-14).

Por su parte, Saúl envió sus oficiales a prender a David. Cuando preguntaron a Mical por él, ella respondió que estaba enfermo. No obstante, el rey estaba obsesionado con la muerte de David, y dijo a sus mensajeros: "Traédmelo en la cama para matarlo". Sus delegados regresaron a casa de David, entraron y vieron la estatua en la cama. Cuando sus siervos le informaron al rey, el enfureció y reclamó a su hija Mical, diciendo: ¿Por qué me has engañado así, y has dejado escapar a mi enemigo? Mical respondió a su padre, el rey Saúl: "Porque él me dijo: Déjame ir; si no, yo te mataré". Así Mical salió bien librada de la ira de su padre. David fue a Ramá, donde el profeta Samuel. Le contó todo lo que el rey Saúl le había hecho. Samuel apoyó a David, y se fue con él a Naiot. Allí se quedaron a vivir durante un tiempo (I Samuel 19: 15-19).

Le avisaron al rey Saúl que David estaba con el profeta Samuel en Naiot, Ramá. Saúl envió a sus mensajeros a traer a David a su presencia; pero ellos lo vieron en compañía de profetas que vaticinaban, y el profeta Samuel los presidía. La Biblia relata, que el Espíritu de Dios entró en los mensajeros de Saúl, y estos también profetizaron. Por tercera ocasión, Saúl envió mensajeros a buscar a David, y estos, igual que los anteriores, auguraron. Al Saúl ver que no obtenía los resultados deseados, fue él mismo a buscar a David. Al llegar, Saúl preguntó: "¿Dónde están Samuel y David?". Uno de los presentes respondió: "Están aquí, en Naiot, Ramá" (I Samuel 19: 20-22).

Se dirigió Saúl hasta Naiot, Ramá; pero, él también fue tocado por el Espíritu de Dios. Entonces, Saúl se despojó de sus vestidos, y profetizó delante del profeta Samuel. El rey estuvo desnudo todo ese día y la noche. De ahí surgió el dicho: "Saúl entre los profetas". No obstante, Saúl continuó persiguiendo a David. Por otro lado, todo el odio del rey Saúl hacía David destruyó la vida matrimonial de David y Mical. Primero, debido a su separación. Ellos no podían estar juntos por la persecución de Saúl a David. Luego, Saúl dio a Mical en matrimonio a Palti, hijo de Lais, siendo esposa de David. El rey no podía hacer eso, pero lo hizo por su gran aborrecimiento hacía David. Con esa acción el rey Saúl le decía a David: tú no eres parte de mi familia (I Samuel 19: 23-24).

La guerra del rey Saúl contra los filisteos era continua; pero, su obsesión de matar a David era permanente. Saúl estaba persiguiendo a los filisteos cuando le avisaron que David se encontraba en el desierto de En-Gadi. Tomó Saúl tres mil hombres de todo Israel, y fue en busca de David. En el camino, Saúl llegó a un redil de ovejas, y cerca había una cueva; él entró en ella para cubrir sus pies. Mientras tanto, los hombres de Saúl esperaban afuera. Para sorpresa de Saúl, David y sus hombres se encontraban sentados en los rincones de la cueva. Los hombres de David le dijeron:

"He aquí el día que te anunció Yahveh, y te dijo: "Entrego a tu enemigo en tus manos, harás con él como te pareciere".

(I Samuel 24: 1-4).

David perdona la vida del rey Saúl

David escuchó lo que dijeron sus compañeros, entonces, se levantó y dirigió hacia donde estaba el rey Saúl. Calladamente, David cortó la orilla de la túnica de Saúl. No obstante, el corazón de David se turbó, y dijo a sus hombres: **"Yahveh me guarde de hacer tal cosa contra mi señor, el ungido de Yaveh, que yo extienda mi mano contra él; porque es el ungido de Yahveh".** *David cohibió a sus compañeros de combate, y no les permitió le hicieran daño a Saúl. Después de este incidente, el rey Saúl salió de la cueva y siguió su camino. Al mismo tiempo, David se salió de la cueva y fue detrás de Saúl, y le gritó:* ¡*"Mi Señor el rey"*! *Saúl miró hacia atrás, y David inclinando su rostro hacia la tierra, hizo reverencia al rey Saúl, y dijo:*

«¿Por qué oyes las palabras de los que dicen: ¡Mira que David procura tu mal! He aquí han visto hoy tus ojos cómo Yahveh te ha puesto hoy en mis manos en la cueva; y me dijeron que te matase, pero te perdoné, porque dije: No extenderé mi mano contra mi señor, porque es el ungido de Yahveh. Y mira, padre mío, mira la orilla de tu manto en mi mano; porque yo corté la orilla de tu manto, y no te maté. Conoce, pues, y ve que no hay mal ni traición en mi mano, ni he pecado contra ti; sin embargo, tú andas a caza de mi vida para quitármela. Juzgue Yahveh entre tú y yo, y véngueme de ti Yahveh; pero mi mano no será contra ti. Como dice el proverbio de los antiguos: De los impíos saldrá la impiedad; así que mi mano no será contra ti. ¿Tras quién ha salido el rey de Israel? ¿A quién persigues? ¿A un perro muerto?

¿A una pulga? Yahveh, pues, será juez, y él juzgará entre tú y yo. Él vea y sustente mi causa, y me defienda de tu mano».

(I Samuel 24: 5-15).

Saúl respondió:

«¿No es esta la voz tuya, hijo mío David? Y alzó Saúl su voz y lloró, y dijo a David: Más justo eres tú que yo, que me has pagado con bien, habiéndote yo pagado con mal. Tú has mostrado hoy que has hecho conmigo bien; pues no me has dado muerte, habiéndome entregado Yahveh en tu mano. Porque ¿quién hallará a su enemigo, y lo dejará ir sano y salvo? Yahveh te pague con bien por lo que en este día has hecho conmigo. Y ahora, como yo entiendo que tú has de reinar, y que el reino de Israel ha de ser en tu mano firme y estable, júrame, pues, ahora por Yahveh, que no destruirás mi descendencia después de mí, ni borrarás mi nombre de la casa de mi padre».

David hizo a Saúl el juramento que él le solicitó. Luego, Saúl fue a su casa.

(I Samuel 24: 16-21).

A partir de este encuentro entre el rey Saúl y David, donde este último le perdonó la vida al rey; todos podríamos suponer que Saúl no continuaría persiguiendo a David, pero no. El rey Saúl continuó con su obcecada idea de matar a David, quitarlo de en medio; porque él lo veía futuro rey de Israel. Esa posición Saúl la deseaba para uno de sus hijos, posiblemente, Jonatán. Nuevamente, le avisaron al rey que David se encontraba en el monte de Jaquilá, frente al desierto. Fue el rey con sus tres batallones a sorprender a David, y acampó en el monte de Jaquilá. David vivía en el desierto, y se dio cuenta que el rey lo perseguía. Entonces, David envió a sus espías para saber el lugar exacto de su descanso.

(I Samuel 26: 1-5).

Por segunda vez, David perdona la vida del rey Saúl

David fue al campamento, y observó el lugar donde descansaba el rey y su ejército. Al regresar a su campamento, David preguntó a sus soldados, quién de ellos quería ir al cuartel de Saúl con él. Abisay, hermano de Joab, dijo: "Yo voy contigo". Era de noche cuando David y Abisay llegaron al lugar donde se encontraba Saúl y sus tropas. Allí, todos estaban dormidos. Saul, completamente dormido con su lanza en su cabecera y enterrada en la tierra. Abner, jefe del ejército de Saúl, también descansaba, y todos sus militares. David encontró esa escena, favorable para él. Abisay vio la oportunidad de acabar con el rey Saúl, y dijo a David:

"Hoy ha puesto Dios en tus manos a tu enemigo. Déjame matarlo. De un solo golpe de lanza lo dejaré clavado en el suelo. ¡No tendré que rematarlo!".

Exclamó David:

«"No lo mates". ¿Quién puede impunemente alzar la mano contra el ungido del SEÑOR? Tan cierto como que el SEÑOR vive, que él mismo lo herirá. Le llegará la hora de morir, o caerá en batalla. En cuanto a mí, ¡que el SEÑOR me libre de alzar la mano contra su ungido! Solo toma la lanza y el jarro de agua que están a su cabecera, y vámonos de aquí».

(I Samuel 26: 6-11).

Aunque David dijo a Abisay que tomara la lanza y el jarro en la cabecera del rey Saúl, fue el mismo David quien fue y los tomó.

Quizás por temor a que su compañero irrespetara su orden y matara al rey. Ambos se marcharon, y ni el rey o alguno de sus soldados se dio cuenta que ellos estuvieron ahí. La Biblia narra que, ninguno de ellos despertó porque Yahveh los hizo caer en un profundo sueño. Lo cierto es que la presencia de David y su compañero pasó desapercibida para Saúl y su regimiento militar. David entonces, cruzó al otro lado del monte y subió en su cima.

Desde allí, David llamó a Abner, jefe del ejército de Saúl, diciendo:

"¡Abner! ¿Me oyes?".

Abner contestó:

"¿Quién le está gritando al rey?"

David le respondió:

«¿No eres tú el valiente sin par en Israel? ¿Cómo es que no has protegido a tu señor el rey? Te cuento que uno del pueblo entró con la intención de matarlo. ¡Lo que has hecho no tiene nombre! Tan cierto como que el SEÑOR vive, que ustedes merecen la muerte por no haber protegido a su rey, el ungido del SEÑOR. A ver, ¿dónde están la lanza del rey y el jarro de agua que estaban a su cabecera?»

(I Samuel 26: 12-16).

El rey Saúl reconoció la voz de David, y le dijo:

"David, hijo mío, ¡pero si eres tú quien habla!".

David respondió:

«Soy yo, mi señor y rey. ¿Por qué persigue mi señor a este siervo suyo? ¿Qué le he hecho? ¿Qué delito he cometido? Le ruego a su Majestad que escuche mis palabras. Si quien lo mueve a usted en mi contra es el SEÑOR, una ofrenda bastará para aplacarlo. Pero, si son los hombres, ¡que el SEÑOR los maldiga! Hoy me expulsan de esta tierra, que es la herencia del SEÑOR, y me dicen: "¡Vete a servir a otros dioses!". Ahora bien, no deje usted que mi sangre sea derramada lejos de la presencia del SEÑOR. ¿Por qué ha salido el rey de Israel en busca de una simple pulga? ¡Es como si estuviera cazando una perdiz en los montes!».

(I Samuel 26: 17-20).

Exclamó Saúl:

"He pecado. Regresa, David, hijo mío. Ya no voy a hacerte daño. Tú has valorado hoy mi vida; yo, en cambio, he sido un necio y me he portado muy mal".

Dijo David:

«Su Majestad, aquí está su lanza. Mande usted a uno de sus criados a recogerla. Que el SEÑOR le pague a cada uno según su rectitud y lealtad, pues hoy él lo había puesto a usted en mis manos, pero yo ni siquiera me atreví a tocar al ungido del SEÑOR. Sin embargo, así como hoy valoré la vida de usted, quiera el SEÑOR valorar mi propia vida y librarme de toda angustia».

Respondió Saúl:

"¡Bendito seas, David, hijo mío!

Tú harás grandes cosas, y en todo triunfarás".

Después de este acontecimiento, David siguió su camino, y el rey Saúl regresó a su palacio.

(I Samuel 26: 21-25).

El rey Saúl muere

David estaba en Siclag, cuando vino a él un hombre del campamento de Saúl. Tenía la ropa rota y tierra en su cabeza. David preguntó de dónde venía; y el respondió, del campamento de Saúl. También le dijo que Saúl y su hijo Jonatán estaban muertos. Le contó que el rey estaba herido y le pidió que lo matara porque venían los enemigos detrás de él. Este joven lo mató, tomó su corona, y también, una argolla de su brazo, y la trajo a David. Cuando David escuchó ese relato, tanto él como su batallón se rasgaron sus ropas y lamentaron la muerte del rey Saúl. David le reclamó al hombre el haberle quitado la vida al rey Saúl. Entonces dijo a uno de sus militares que lo matara, y este lo mató (II Samuel 1: 1-16).

David consultó a Yahveh, y Él le dijo que subiera a Hebrón. Como el rey Saúl había dado a otro hombre a Mical, su primera esposa. David tomó dos esposas: Ahinoam Jezreelita y Abigaíl, la viuda de Nabal. Subió David con sus dos esposas y los hombres que habían estado a su lado durante todo el tiempo que él estuvo en guerra con Saúl. Todos vinieron con sus familias, y vivieron en Hebrón. Entonces, vinieron los caballeros de Judá y ungieron a David rey de la casa de Judá. (II Samuel 2: 1-4). Muchísimas guerras se presentaron entre la casa de Saúl y la casa de David (II Samuel 3: 1).

Luego, David reunió a los escogidos de Israel, eran treinta mil. Partió David de Balaa de Judá trayendo el Arca de Dios. Ellos invocaban y alababan el nombre de Yahveh. Llevaron el Arca de Dios a la casa de Abinadab. David y todos sus acompañantes danzaban frente al Arca, con instrumentos de madera de haya, arpas, panderos, flautas, címbalos, y salterios. David no llevó el Arca de Dios a su casa, por un incidente en el cual resultó herido Uza, hijo de Abinadab, a quien David apreciaba. Llevaron el Arca donde Obed-edom geteo, y estuvo ahí tres meses. Por lo tanto, bendijo Yahveh a Obed-edom y toda su casa (II Samuel 6: 1-11).

David trae el Arca de Dios a Jerusalén

Le informaron al rey David que Yahveh había bendecido la casa de Obed-edom, debido al Arca que reposaba en su casa. David se alegró, y fue a casa de Obed-edom y trajo el Arca de Dios a su casa. Cuando trasladaban el Arca, David sacrificó un buey y un carnero engordado. David danzaba lleno de júbilo delante del Arca de Yahveh. Estaba David vestido con un efod de lino. Conducían el Arca con alegría y sonido de trompeta (II Samuel 6: 12-15; I Crónica 15:1. 16:6).

Mical menosprecia al rey David

Cuando David llegó a la ciudad con el Arca, Mical, primera esposa de David e hija del rey Saúl, miró desde su ventana, y vio a David danzando delante del Arca. Dice la Biblia, que Mical "menospreció a David en su corazón". Cuando David terminó de ofrecer los holocaustos y ofrendas de paz, bendijo al pueblo en el nombre de Yahveh. Después, David repartió a la multitud de Israel, un pan, un pedazo de carne y una torta de pasas. Luego, todos se fueron a sus casas (II Samuel 6: 16-19). Posterior a ese evento David se dirigió a su casa para bendecirla, y al entrar, salió Mical a recibirlo diciendo:

¡Cuán honrado ha quedado hoy el rey de Israel, descubriéndose hoy delante de las criadas de sus siervos, como se descubre sin decoro un cualquiera!

David respondió a Mical:

«Fue Yahveh quien me eligió en preferencia a tu padre y a toda tu casa, para constituirme príncipe del pueblo de Yahveh, sobre Israel. Por tanto, danzaré delante de Yahveh. Y aún me haré más vil que esta vez, y seré bajo a tus ojos; pero seré honrado delante de las criadas de quienes has hablado».

(II Samuel 6:20-23).

La Biblia no lo menciona claramente, pero después que el rey Saúl murió, y David fue proclamado rey, él recuperó a su esposa Mical. De hecho, acabamos de leer en II Samuel 6: 20 que, cuando David llegó a su casa Mical salió a recibirlo. El error de Mical fue su enojo porque David estaba rindiendo un homenaje a Yahveh. La forma despectiva de Mical se debió al ejemplo que ella recibió de su padre, el rey Saúl, quien era soberbio y disponía de la vida de sus siervos, a su antojo. Su irónica actitud, acompañada de su falta de respeto a Yahveh, y también a David, hizo que Mical obtuviera como castigo no concebir hijos (II Samuel 6:23).

Posiblemente, David no tuvo más relaciones sexuales con Mical después que ella lo despreció. En consecuencia: Mical murió sin dejar descendencia. Aunque, II Samuel 21:8 menciona a cinco hijos de Mical, que los tuvo con Adriel Meholatila. Pero, quien se casó con Adriel Meholatila fue su hermana Merab (I Samuel 18:19). A Mical su padre, el rey Saúl, la entregó a Palti, hijo de Lais, estando ella aún casada con David (II Samuel 21:8). Sobre este tema podemos obtener dos versiones: Primero, un error de traducción. Escribieron el nombre de Merab en lugar de Mical. Segundo: Merab murió, y Mical crio sus cinco hijos como si fueran suyos.

Catequesis:
¿Qué aprendimos de la Reina Mical?

La princesa Mical era hija del rey Saúl, quien fue rey de Israel. La Biblia relata que Mical siempre estuvo enamorada de David, uno de los oficiales del rey. Sin embargo, el rey Saúl le tomó una intensa antipatía a David después que ellos salieron a pelear contra los filisteos, quienes mantuvieron una pugna constante con el reino de Israel. En esa batalla, David fue el héroe porque mató al jefe de los filisteos. Al regresar de la guerra el rey Saúl, David y el ejército, salieron todas las mujeres de las distintas ciudades de Israel a recibirlos. Tocaban sus panderos, cantaban y danzaban. Ellas decían:

> ***«Saúl hirió a miles, y***
> ***David a sus diez miles».***

Ese dicho de las mujeres molestó profundamente al rey, porque consideró que estaban poniendo a David en una posición más elevada que la de él, el rey de Israel. Reiterando, desde ese momento nació en el rey un inmenso odio hacia David. El rey lo quería muerto, y lo mandó a pelear contra los filisteos prometiéndole que si vencía a cien filisteos lo dejaría casarse con Mical, su hija menor. Pero, David debía traer como prueba cien prepucios de los filisteos. David estuvo de acuerdo, y salió a enfrentar a los filisteos. Este valiente joven no trajo cien prepucios, sino doscientos.

El rey Saúl no tuvo otra opción que cumplir su palabra y dejar que David se casara con su hija Mical. Sin embargo, los jóvenes esposos no pudieron mantener un matrimonio estable, debido a las fuertes persecuciones del rey contra David. En una ocasión, Mical tuvo que salvarle la vida a David. Primero, lo descolgó por una ventana, y David pudo huir. Segundo, Mical mintió a los oficiales del rey diciendo que David estaba enfermo colocando una estatua en su cama, aunque después, ella fue descubierta. Mientras David huía de la persecución del rey, Mical fue obligada por su padre, el rey Saúl, a casarse con otro hombre estando ella todavía casada con David. Eso fue algo fuera de toda proporción moral, religiosa y social.

Cuando el rey Saúl murió, David fue proclamado rey de Judá, y recuperó a Mical. David era un hombre de mucha fe en Yahveh. Él sabía que su éxito se lo debía a Él, que siempre lo cuidó de la ira del rey Saúl. Cuando David fue elegido rey de Judá, él sabía que el poder de Yahveh estaba actuando a su favor. Por lo tanto, David quiso demostrar a Dios su fe y gratitud rindiéndole un homenaje con holocaustos y ofrendas de paz. En esta fiesta a Yahveh, David hizo coparticipes a todos los habitantes de Israel.

Pue bien, a Mical no le pareció que siendo David el rey de Judá se manifestara como lo hizo, danzando frente al Arca de Yahveh. Mical despreció ese acto que ella consideró era bajo. Lo peor de todo fue, que al ella despreciar esa alta distinción que David estaba realizando al Altísimo, al mismo tiempo, ella estaba menospreciando a Yahveh, Dios único. David era un hombre justo, y le desagradó la mala apreciación de Mical hacia un acto religioso de fe y amor a Yahveh. Mical, en su momento, se portó bien con su esposo David protegiéndolo de la furia del rey Saúl.

Realmente, Mical amaba a David. No obstante, ella no tuvo suficiente fe en Yahveh para entender la actitud de David, quien se sintió plenamente bendecido por su Padre Dios, al ser nombrado rey de Judá. Tampoco, Mical tuvo la suficiente inteligencia para apoyar a David, como requiere un rey de su reina. El corazón de Mical se llenó de soberbia, en su lugar ella debió sentir amor, comprensión y humildad; las características de seres que poseen grandeza espiritual. Por lo antes expresado sobre Mical, y en sentido religioso, ella no es un ejemplo a seguir.

Referencias:

(I Samuel 18: 1-5).

(I Samuel 18: 6-8).

(I Samuel 18: 9-15).

(I Samuel 18: 16-19).

(I Samuel 18: 20-25).

(I Samuel 18: 26-30).

(I Samuel 19: 1-5).

(I Samuel 19: 6-10).

(I Samuel 19: 11-14).

(I Samuel 19: 15-19).

(I Samuel 19: 20-22).

(I Samuel 19: 23-24).

(I Samuel 24: 1-4).

(I Samuel 24: 5-15).

(I Samuel 24: 16-21).

(I Samuel 26: 1-5).

(I Samuel 26: 6-11).

(I Samuel 26: 12-16).

(I Samuel 26: 17-20).

(I Samuel 26: 21-25).

(II Samuel 1: 1-16).

(II Samuel 3: 1).

(II Samuel 6: 1-11).

(II Samuel 6: 12-15; I Crónica 15:1. 16:6).

(II Samuel 6:20-23).

Abigaíl, esposa del rey David

Las Mujeres de la Biblia
Abigaíl

Abigaíl fue una mujer inteligente y muy hermosa. Era esposa de un acaudalado hombre, de nombre Nabal. Ambos vivían en la ciudad de Maón, junto al desierto de Farán, próximo a Hebrón. Durante la guerra civil que David enfrentaba con el rey Saúl, David se fue con sus soldados al desierto de Farán. Estando allí, David supo que había un individuo muy rico en la ciudad de Maón, y sus pastores estaban en Carmel esquilando sus ovejas. Se trataba de Nabal, el esposo de Abigaíl. En seguida, David envió una comitiva de diez jóvenes a casa de Nabal, con el siguiente mensaje:

"Sea paz a ti, y paz a tu familia, y paz a todo cuanto tienes. He sabido que tienes esquiladores. Ahora, tus pastores han estado con nosotros; no les tratamos mal, ni les faltó nada en todo el tiempo que han estado en Carmel. Pregunta a tus criados, y ellos te lo dirán. Hallen, por tanto, estos jóvenes gracia en tus ojos, porque hemos venido en buen día; te ruego que des lo que tuvieres a mano a tus siervos, y a tu hijo David".

(1 Samuel 25:1-8).

Respuesta de Nabal a David

Los jóvenes se dirigieron a la ciudad de Maón, y fueron directamente a la casa de Nabal como les había ordenado David. Entregaron a Nabal el mensaje de David; pero este respondió:

"¿Quién es David, y quién es el hijo de Isaí? Muchos siervos hay hoy que huyen de sus señores. ¹¹ ¿He de tomar yo ahora mi pan, mi agua, y la carne que he preparado para mis esquiladores, y darla a hombres que no sé de dónde son?".

(1 Samuel 25:9-10).

Nabal se negó de forma concluyente, cooperar con la causa política de David. Entre tanto, David llamó a 400 de sus militares para dirigirse a la casa de Nabal, a cobrarle la ofensa por la desagradable respuesta recibida a su petición. Sin embargo, David no pudo llegar a casa de Nabal, porque Abigaíl se enteró de su venganza. Uno de los criados de la casa le informó a Abigaíl sobre la negativa de su esposo Nabal de ayudar en la causa de David, suministrándole algunas provisiones (1 Samuel 25:14-17).

Prontamente, Abigaíl tomó bastantes provisiones para abastecer al ejército de David. Estas fueron: **"Doscientos panes, dos cueros de vino, cinco ovejas guisadas, cinco medidas de grano tostado, cien racimos de uvas pasas, y doscientos panes de higos secos, y lo cargó todo en asnos".** *Luego, ella envió a sus sirvientes a encontrarse con David, y les dijo que ella los alcanzaría en el camino (1 Samuel 25:18).*

Súplica de Abigaíl a David

Por su parte, Abigaíl, montando un asno descendió por una parte secreta del monte, porque ella no le informó a su esposo Nabal lo que estaba haciendo. Saliendo de ese lugar, Abigaíl vio a David con sus soldados. Rápidamente, Abigaíl inclinándose se echó a los pies de David, y le dijo:

«Señor mío, sobre mí sea el pecado; mas te ruego que permitas que tu sierva hable a tus oídos, y escucha las palabras de tu sierva. ^{25}No haga caso ahora mi señor de ese hombre perverso, de Nabal; porque conforme a su nombre, así es. Él se llama Nabal, y la insensatez está con él; mas yo tu sierva no vi a los jóvenes que tú enviaste. ^{26}Ahora pues, señor mío, vive Yahveh, y vive tu alma, que Yahveh te ha impedido el venir a derramar sangre y vengarte por tu propia mano. Sean, pues, como Nabal tus enemigos, y todos los que procuran mal contra mi señor. ^{27}Y ahora este presente que tu sierva ha traído a mi señor, sea dado a los hombres que siguen a mi señor. ^{28}Y yo te ruego que perdones a tu sierva esta ofensa; pues Yahveh de cierto hará casa estable a mi señor, por cuanto mi señor pelea las batallas de Yahveh, y mal no se ha hallado en ti en tus días. ^{29}Aunque alguien se haya levantado para perseguirte y atentar contra tu vida, con todo, la vida de mi señor será ligada en el haz de los que viven delante de Yahveh tu Dios, y él arrojará la vida de tus enemigos como de en medio de la palma de una honda. ^{30}Y acontecerá que cuando Yahveh haga con mi señor conforme a todo el bien que ha hablado de ti, y te establezca por príncipe sobre Israel, ^{31}entonces, señor mío, no tendrás motivo de pena ni remordimientos por haber derramado sangre sin causa, o por

haberte vengado por ti mismo. Guárdese, pues, mi señor, y cuando Yahveh haga bien a mi señor, acuérdate de tu sierva».

(1 Samuel 25:19-31).

Respuesta de David

Partiendo de la noble y humilde acción que Abigaíl mostró a David, este se conmovió profundamente, y le respondió:

«Bendito sea Yahveh Dios de Israel, que te envió para que hoy me encontrases. ³³ Y bendito sea tu razonamiento, y bendita tú, que me has estorbado hoy de ir a derramar sangre, y a vengarme por mi propia mano. ³⁴ Porque vive Yahveh Dios de Israel que me ha defendido de hacerte mal, si no te hubieras dado prisa en venir a mi encuentro, de aquí a mañana no le hubiera quedado con vida a Nabal ni un varón.

³⁵Recibió David de su mano lo que le había traído, y le dijo:

Sube en paz a tu casa, y mira que he oído tu voz, y te he tenido respeto»

(1 Samuel 25:32-35).

Abigaíl y el rey David

Dice el texto bíblico, 1 Samuel 25, que cuando Abigaíl regresó a su casa encontró a su esposo Nabal celebrando, ebrio y con un banquete. Por esa razón ella no le dijo nada de lo sucedido. Pero, la mañana siguiente, ya a Nabal se le había pasado el efecto del vino; entonces, Abigaíl le contó todo. Nabal se sorprendió mucho y quedó impactado. Obviamente, a él le afectó el relato de su esposa. Al parecer, Nabal no conocía a David, y al saber quién era él, obviamente pensó en las consecuencias desastrosas que pudo ocasionar su insensatez. Aunque, gracias a la inteligencia y sensatez de Abigaíl su desacierto no causó ningún daño a la familia, criados y propiedad. Diez días después de ese incidente, Nabal sufrió una herida y murió (1 Samuel 25:36-38).

Cuando David se enteró de la muerte de Nabal, dio gracias a Yahveh que juzgó la causa de su afrenta. En ese momento, el rey Saúl había muerto. De inmediato, David envió siervos a hablar con Abigaíl sobre sus deseos de tomarla como esposa. Llegaron los criados de David a casa de Abigaíl, y le comunicaron su mensaje:

"David nos ha enviado a ti, para tomarte por su mujer".

Ella se levantó e inclinó su rostro a tierra, diciendo:

"He aquí tu sierva, que será una sierva para lavar los pies de los siervos de mi señor".

Inmediatamente, Abigaíl se levantó y montó en un asno, y llevando consigo a cinco doncellas que le servían, siguió a los mensajeros de David (1 Samuel 25:39-42). Posteriormente, los caballeros de Judá proclamaron a David rey de la casa de Judá (II Samuel 2: 1-4).

Abigaíl fue una de las esposas del rey David. Ellos tuvieron un hijo de nombre Daniel, llamado en hebreo, Chileab (1 Crónicas 3:1).

Catequesis:
¿Qué aprendimos de Abigaíl?

Abigaíl fue una mujer muy hermosa, pero lo más destacable en ella no era precisamente su belleza física, sino la espiritual. Su fe en Yahveh, inteligencia y humildad. Abigaíl siempre actuaba motivada por la confianza en nuestro Creador Yahveh. Ese concepto ella lo aplicaba a su vida. Procedía correctamente. Aunque, de manera paradójica, Abigaíl estuvo casada con Nabal, un hombre rico materialmente, porque en sentido espiritual él era muy pobre. Nabal carecía de generosidad y humildad. Dos aspectos importantes para nuestro Creador, Padre eterno.

En afinidad con lo antes expuesto, y en un momento crítico, descrito arriba, Abigaíl no pensó en su condición de mujer o posición social. Este increíble ser humano no dudó en buscar una solución pacífica al problema que había ocasionado su esposo Nabal. Quizás, Abigaíl tuvo que solucionar muchas dificultades y complicaciones debido al carácter e intransigencia de su esposo. El texto bíblico explica que mientras Abigaíl estaba resolviendo el conflicto que su esposo Nabal había causado, él tenía una celebración en su casa. Esa fiesta incluía comida y bebida; de tal forma, cuando Abigaíl regresó lo encontró borracho.

En el contexto bíblico podemos apreciar que la humilde, pero valiente Abigaíl, defendió su familia de la muerte y su casa de la destrucción. Es simple, Abigaíl se comportó de manera sensata. Su amor a Yahveh y hacia sus seres queridos la llenó de coraje, y enfrentó a un batallón de hombres armados y furiosos. Estaban heridos en su orgullo, por la humillación sufrida de parte de su esposo Nabal. Siendo esposa de un hombre muy rico, Abigaíl vivió abrigada a su fe y llena de humildad. Esas cualidades caracterizan a los hijos de Yahveh; por eso Abigaíl triunfó en su cometido. El esposo de Abigaíl, Nabal, era egoísta e intransigente. Penosamente, él no pensaba en la protección de su familia, ni en las necesidades ajenas, sino en su propio bienestar.

Contrario a Abigaíl, quien era justa y comprensiva. En efecto, el Señor todo lo sabe y ve. Por consiguiente, el todopoderoso apartó a Abigaíl de su cruel esposo. Nabal murió días después del incidente ocurrido con David. Más tarde, David se casó con esta excelente dama, porque reconoció en ella, además de su hermosura, que poseía múltiples virtudes.

¿Qué aprendimos de Abigaíl?

Primero: *Aprender a ser verdaderos hijos de Yahveh, trabajar para su cusa, ayudando a los necesitados.*

Segundo: *Ser comprensivos, sensatos, no egoístas. Juzgar por nosotros mismos si estuviéramos en el lugar de las personas menos afortunadas.*

Tercero: *Defender nuestras familias de cualquier agresión, aunque eso implique sacrificio y humildad de nuestra parte.*

Abigaíl es una de las mujeres más reveladoras de la Biblia, por su fe, sumisión y valentía. Sus excelentes actos mostraron la existencia de amor incondicional hacia su prójimo, algo de suma importancia para los cristianos. Desde que los dos grandes mandamientos de Jesucristo nos hablan del amor a Dios y a nuestros hermanos. Por lo tanto, Abigaíl es un ejemplo a seguir para todas las mujeres del mundo.

Referencias:

- *(1 Samuel 25:1-8).*
- *(1 Samuel 25:9-10).*
- *(1 Samuel 25:14-17).*
- *(1 Samuel 25:18).*
- *(1 Samuel 25:19-31).*
- *(1 Samuel 25:32-35).*
- *(1 Samuel 25:36-38).*
- *(1 Samuel 25:39-42).*
- *(II Samuel 2: 1-4).*
- *(1 Crónicas 3:1).*
- *(Proverbio 31:24-27).*

Betsabé, esposa del rey David

Las Mujeres de la Biblia

Betsabé

El Antiguo Testamento relata la historia de Betsabé. Fue una bella joven judía hija de Eliam. Su nombre hebreo era Bathsheba que significa, "La séptima hija o hija del juramento". La hermosa Betsabé se casó con Urías el hitita, uno de los militares del rey David. Urías se encontraba en el campo de batalla bajo las órdenes del general Joab. Este ejército destruyó a los amonitas, y sitió la ciudad de Rabbá. Mientras tanto, el rey David permanecía en Jerusalén (2 Samuel 11:1).

Un día, el rey David se levantó de su lecho, y empezó a pasear por la azotea de la casa real. Desde allí, vio a una preciosa mujer que se estaba bañando. En seguida, David preguntó a sus siervos quién era aquella mujer. Sus vasallos investigaron, y le informaron al rey que se trataba de Betsabé hija de Eliam, mujer de Urías el hitita. David, aún consciente que esa mujer estaba casada con uno de sus militares, envió sus mensajeros a casa de Betsabé con orden de traerla a su presencia.

El rey David la tomó, y durmió con ella. A la mañana siguiente, Betsabé se purificó y regresó a su casa. El resultado de esa infidelidad fue un embarazo. Efectivamente, Betsabé concibió y su esposo estaba en una guerra. Al comprobar su estado de gravidez, Betsabé envió un mensaje a David diciendo: "Estoy en cinta". (2 Samuel 11:2-5). Obviamente, David se preocupó porque se trataba de una situación delicada que perjudicaba gravemente a Betsabé, y perjudicaba su reino.

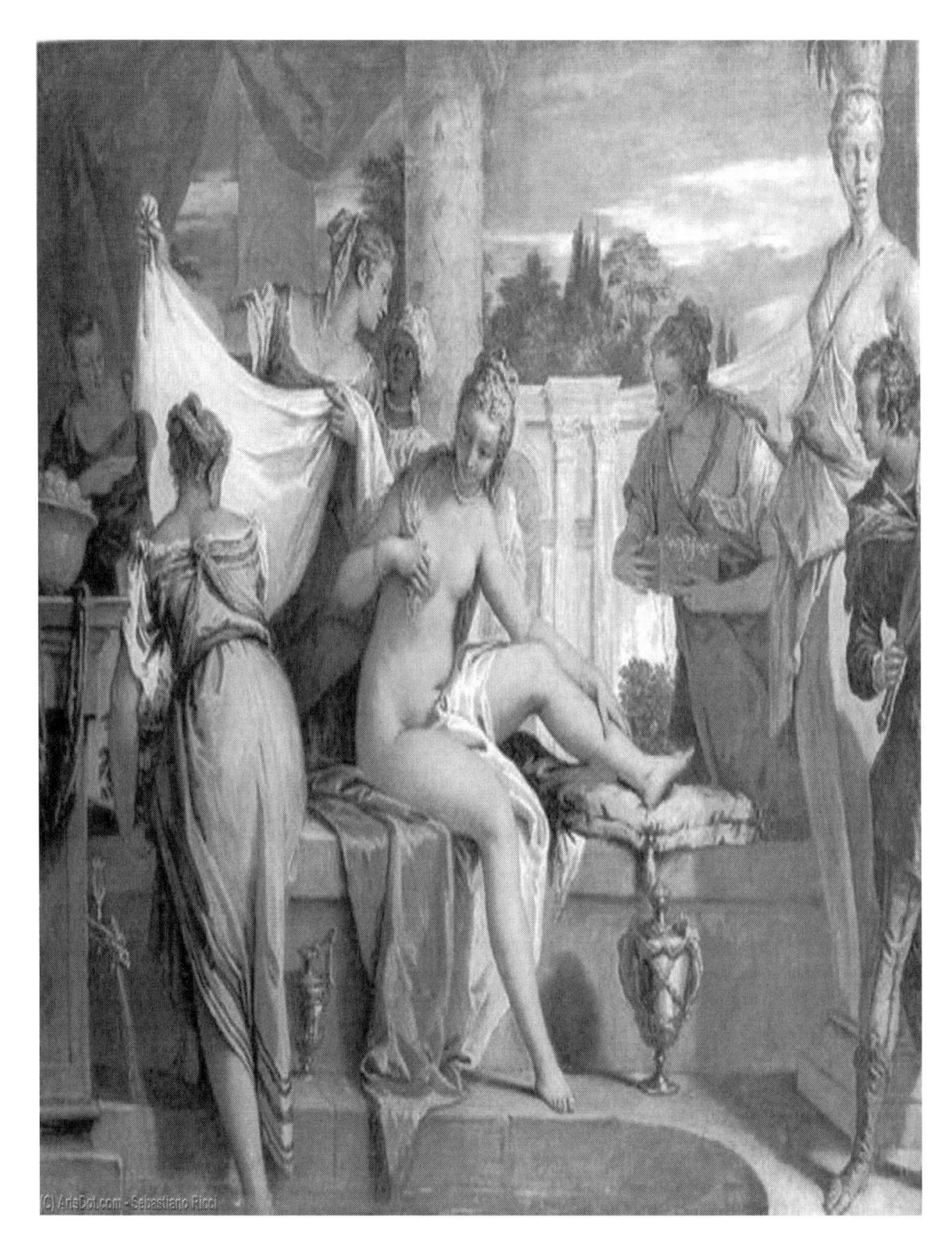

Betsabé tomando un baño

El rey David solicita la presencia de Urías

David envió una nota al general Joab, solicitando la presencia de Urías el hitita. Cuando Urías llegó, se presentó ante el rey David. El rey después de preguntarle por su salud, la de los demás soldados y las condiciones de la guerra, le dijo que fuera a su casa a descansar. Lo que David pretendía era justificar su adulterio. Por esa razón envió a Urías a su casa para dar lugar a una intimidad entre él y Betsabé, su esposa.

Cuando Urías se fue, David ordenó a sus sirvientes le enviaran alimentos de la mesa real. Sin embargo, Urías no fue a su casa. En cambio, se quedó frente al palacio real durmiendo con los siervos del rey David. Entonces, los vasallos de David le informaron que Urías no había ido a su casa. David lo llamó y preguntó, por qué él no había visitado su familia, y Urías respondió:

"El Arca, Israel y Judá están bajo tiendas, y mi señor Joab, y los siervos de mi señor, en el campo; ¿y había yo de entrar en mi casa para comer y beber, y a dormir con mi mujer? Por vida tuya, y por vida de tu alma, que yo no haré tal cosa".

(2 Samuel 11:6-11).

La actitud de Urías era la de un hombre digno y responsable; solidario con su nación y sus compañeros de batalla. Al escuchar las palabras sinceras de Urías, David le dijo: "Quédate aquí hoy y mañana te despacharé". Este valiente soldado se quedó dos días más, y David lo invitó a comer y beber, hasta embriagarlo. A pesar de su estado de embriaguez Urías no fue a su casa. En cambio, él durmió con todos los siervos de David (2 Samuel 11:6-12-13).

El rey David ordena la muerte de Urías

Los planes del rey David no funcionaron. Ahora bien, ¿Qué hizo el rey? Le escribió una carta al general Joab con instrucciones específicas: **"Poned a Urías al frente, en lo más recio de la batalla, y retiraos de él, para que sea herido y muera"**. *Obedeciendo las órdenes de David, el general Joab puso a Urías en el lugar de más peligro, cuando sitiaron Rabbá. De hecho, Urías fue abandonado por sus compañeros en el campo de batalla, en un lugar donde se encontraban los soldados rivales más valientes y experimentados.*

Urías enfrentó solo a todos los hombres de la ciudad, y por eso murió. Tal y como lo planeó el rey David, así sucedió. Urías el hitita murió peleando en una batalla. Después de este enfrentamiento, Joab envió un mensajero donde el rey para informarle sobre los detalles de la guerra. El enviado del general Joab le comunicó a David lo sucedido en el último combate. Le dijo de los fallecidos, y entre ellos estaba Urías el hitita. El general Joab quería que David supiera que él había cumplido su orden. Por su parte, David dijo al subalterno, así le dirás a Joab:

"No tengas pesar por esto, porque la espada consume, ora a uno, ora a otro; refuerza tu ataque contra la ciudad, hasta que la rindas".

(2 Samuel 11:14-25).

Por otro lado, a Betsabé le fue notificada la muerte de Urías el hitita, su esposo. Ella guardó el período de luto, de acuerdo a las costumbres judías. Cumplida la fase de duelo, David la trajo al palacio, y oficialmente, la tomó como esposa. Después, Betsabé dio a luz al niño que ella había procreado con el rey David. No obstante, David cometió un pecado muy abominable ante los ojos de Yahveh. En ese tiempo vivía en Jerusalén el profeta Natán. Yahveh lo envió donde David con un mensaje (2 Samuel 11:26-27).

El Profeta Natán y el rey David

Anécdota del Profeta Natán

Yahveh envió al profeta Natán donde el rey David, con un mensaje suyo. Pero, Natán sabía que se trataba de un rey, y antes de hablar con David le expuso esta anécdota:

«Había dos hombres en una ciudad, uno rico, y el otro pobre. El rico tenía numerosas ovejas y vacas; pero el pobre no tenía más que un solo corderito, que él había comprado y criado, y que había crecido con él y con sus hijos juntamente, comiendo de su bocado y bebiendo de su vaso, y durmiendo en su seno; y lo tenía como a un hijo. Y vino uno de camino al hombre rico; y este no quiso tomar de sus ovejas y de sus vacas para guisar, para el caminante que había venido a él, sino que tomó la oveja de aquel hombre pobre, y la preparó para aquel que había venido a él».

Entonces se encendió el furor del rey David en gran manera contra el malvado hombre de la historia del profeta Natán, y dijo a Natán:

"Vive Yahveh, que el que tal hizo es digno de muerte. Y debe pagar la cordera con cuatro tantos, porque hizo tal cosa, y no tuvo misericordia".

Entonces, Natán dijo a David:

«Tú eres aquel hombre».

(2 Samuel 12:1-10).

Mensaje de Yahveh al rey David

Dijo Natán a David, así ha dicho Yahveh:

**«He aquí yo haré levantar el mal sobre ti de tu misma casa, y tomaré tus mujeres delante de tus ojos, y las daré a tu prójimo, el cual yacerá con tus mujeres a la vista del sol.
Porque tú lo hiciste en secreto; mas yo haré esto delante de todo Israel y a pleno sol».**

Entonces dijo David a Natán:

"Pequé contra Yahveh".

Luego, Natán dijo a David:

**«También Yahveh ha remitido tu pecado; no morirás.
Pero con este asunto hiciste blasfemar a los enemigos de Yahveh, por tanto, el hijo que te ha nacido ciertamente morirá».**

Después de esto, Natán regresó a su casa.

(2 Samuel 12:11-15).

Sucedió como lo anunció el profeta Natán, el niño que concibió Betsabé con David enfermó gravemente. David ayunó y rogó a Yahveh por el niño. Pasó esa noche acostado en la tierra. Los ancianos del palacio fueron a tratar de convencerlo de levantarse del suelo, pero él no quiso. A pesar de sus súplicas a Yahveh, y permanecer una semana en oración y ayuno, el séptimo día de estar enfermo, el niño murió. Porque ese embarazo fue producto de una relación pecaminosa, una infidelidad que terminó con la muerte de un hombre inocente: Urías el hitita, primer esposo de Betsabé.

(2 Samuel 12:16-18).

El Niño del Pecado Muere

Los ancianos del palacio sentían temor de decirle a David que el niño había muerto, porque decían entre sí: **"Cuando el niño aún vivía, le hablábamos, y no quería oír nuestra voz; ¿cuánto más se afligirá si le decimos que el niño ha muerto?"**. *Pero David observó a sus siervos comentando entre ellos, y comprendió que el niño había muerto. Por lo tanto, él les preguntó: ¿"El niño ha muerto?", y ellos respondieron: "Ha muerto". Al instante, David se levantó de la tierra, se lavó, ungió, cambió su ropa, entró a la casa de Yahveh y lo adoró (2 Samuel 12:19).*

Los siervos de David se sorprendieron de su cambio de actitud, y le preguntaron: "¿Qué significa lo que hiciste? Cuando el niño estaba vivo llorabas, ayunabas y orabas; ahora el niño murió y te levantaste de la tierra y comiste". David respondió: "Viviendo aún el niño, yo ayunaba y lloraba, diciendo: ¿Quién sabe si Dios tendrá compasión de mí, y vivirá el niño? Mas, ahora que ha muerto, ¿para qué he de ayunar? ¿Podré yo hacerle volver? Yo voy a él, pero él no volverá a mí" (2 Samuel 12:20-23).

David consoló a su esposa, Betsabé. Posteriormente, Betsabé concibió y dio a luz un niño, David lo llamó Salomón. El Viejo Testamento narra que Yahveh amó a ese niño y le envió un mensaje a David mediante el profeta Natán: **"Su nombre es Jedidías".** *(2 Samuel 12:24-25). A pesar de David tener alrededor de 63 hijos, Salomón fue su sucesor. Salomón reinó cuatro décadas (965-928 a. C.). De acuerdo a los escritos de las Sagradas Escrituras, Salomón fue el tercer y último rey de Israel.*

Palabras postreras del rey David:

«El Espíritu de Yahveh ha hablado por mí,
Y su palabra ha estado en mi lengua.
El Dios de Israel ha dicho,
Me habló la Roca de Israel:
Habrá un justo que gobierne entre los hombres,
Que gobierne en el temor de Dios.
Será como la luz de la mañana,
Como el resplandor del sol en una mañana sin nubes,
Como la lluvia que hace brotar la hierba de la tierra.
No es así mi casa para con Dios;
Sin embargo, él ha hecho conmigo pacto perpetuo,
Ordenado en todas las cosas, y será guardado,
Aunque todavía no haga él florecer
Toda mi salvación y mi deseo.
Mas los impíos serán todos ellos como espinos arrancados,
Los cuales nadie toma con la mano;
Sino que el que quiere tocarlos
Se arma de hierro y de asta de lanza,
Y son del todo quemados en su lugar».

(2 Samuel 23:1-7).

Salomón

Salomón fue nombrado sucesor del trono de Israel por su propio padre, el rey David. Su decisión tuvo lugar a instancia de su madre Betsabé y el profeta Natán. Salomón fue proclamado rey el año 970 a. C. Salomón fue un rey pacífico. Mantuvo buenas relaciones políticas con los soberanos vecinos a su reino, y fue aliado de Hiram I de la ciudad de Fenicia, Tiro. Durante su reinado, la seguridad interna y el control de las vías de comunicación fueron determinantes para la beneficiosa expansión del comercio hebreo.

Salomón construyó el primer Templo de Jerusalén, el cual albergaba el Arca de la Alianza. Esta Arca fue construida durante el éxodo judío de Egipto, cumpliendo con las instrucciones que Dios le dio a Moisés. Se trata de un cofre de madera cubierto de oro. De acuerdo al Libro de Éxodo, dentro del baúl estaban las tablas de piedra de los Diez Mandamientos. Según la Carta a los Hebreos del Nuevo Testamento, también se encontraba en su interior, la Vara de Aarón y una vasija del Maná que les caía del cielo.

El Sueño de Salomón

El Sueño de Salomón

Una noche, se le apareció Yahveh a Salomón mediante un sueño. El Señor le dijo:

«Pide lo que quieras que Yo te lo daré».

(1 Reyes 3:5).

Salomón respondió a Yahveh:

«Tú hiciste gran misericordia a tu siervo David mi padre, porque él anduvo delante de ti en verdad, en justicia, y con rectitud de corazón para contigo; y tú le has reservado esta tu gran misericordia, en que le diste hijo que se sentase en su trono, como sucede en este día, Ahora pues, Yahveh Dios mío, tú me has puesto a mí tu siervo por rey en lugar de David mi padre; y yo soy joven, y no sé cómo entrar ni salir. Tú siervo está en medio de tu pueblo al cual tú escogiste; un pueblo grande, que no se puede contar ni numerar por su multitud. Da, pues, a tu siervo corazón entendido para juzgar a tu pueblo, y para discernir entre lo bueno y lo malo; porque ¿quién podrá gobernar este tu pueblo tan grande?».

(1 Reyes 3:6-9).

El Libro de Reyes relata, que a Yahveh le agradó la petición de Salomón, y le dijo:

«Porque has demandado esto, y no pediste para ti muchos días, ni pediste para ti riquezas, ni pediste la vida de tus enemigos, sino que demandaste para ti inteligencia para oír juicio, he aquí lo he hecho conforme a tus palabras;

he aquí que te he dado corazón sabio y entendido, tanto que no ha habido antes de ti otro como tú, ni después de ti se levantará otro como tú».

(1 Reyes 3:10-12).

El Libro de Reyes menciona la sabiduría del rey Salomón gracias a la dádiva que Yahveh le concedió. La sabiduría del rey Salomón era extraordinaria, inigualable; tanto, que venían de otros países reyes y reinas a conocerlo. Ese fue el caso de la reina de Sabbá, de nombre Balkis; también conocida en la tradición etíope como Makeda. La Biblia la describe como una mujer muy bella. Esta reina escuchó sobre la sabiduría del rey Salomón, y viajó desde su tierra natal, ubicada en la costa de África, hasta Israel, sólo para conocerlo. Le llevó muchos regalos; entre ellos, especias, oro y piedras preciosas (1 Reyes 10 y 11; Crónicas 9).

Salomón, hijo de Betsabé y el rey David, disfrutó del fabuloso reinado de Israel que heredó de su padre, el rey David. El Antiguo Testamento considera a Salomón sabio y rey del Reino Unido de Israel. En el Corán, Salomón se considera uno de los más importantes profetas de la historia religiosa. Salomón es recordado, de generación a generación, por sus legados; sobre todo, por sus contribuciones literarias. A Salomón se le concede la autoría de varios libros bíblicos: Eclesiastés, Proverbios, Cantar de los Cantares y algunos Salmos. Además, los libros de Sabiduría y las Odas de Salomón.

Catequesis:
¿Qué aprendimos de Betsabé?

Betsabé fue una bella joven judía, casada con Urías el hitita, uno de los militares del rey David. Mientras Urías, esposo de Betsabé, se encontraba en el campo de batalla bajo las órdenes del general Joab, Betsabé se quedó en su casa acompañada de su madre, esperando el regreso de su esposo. Por otro lado, el rey David también permaneció en su palacio, en Jerusalén. Justamente, contiguo al palacio del rey vivía Betsabé con su marido.

Las sagradas escrituras relatan un encuentro entre Betsabé y el rey David. Un día, mientras Betsabé se bañaba en la alberca de su casa, el rey David la vio desde la azotea del palacio donde él se encontraba paseando. Preguntó el rey a sus siervos quién era aquella mujer. Le informaron que se trataba de Betsabé hija de Eliam, mujer de Urías el hitita. El rey David no respetó que ella estaba casada con uno de sus militares, y envió mensajeros a buscarla.

El rey David durmió con ella, y a la mañana siguiente, Betsabé regresó a su casa. Estuvieron juntos varias veces, el resultado de su infidelidad fue un embarazo. Efectivamente, Betsabé concibió y su esposo estaba en una guerra. Al comprobar su estado de gravidez, Betsabé envió un mensaje a David diciendo: "Estoy en cinta". El rey David trató de resolver el problema trayendo del campo de batalla al esposo de Betsabé, pero él no quiso ir a su casa.

Como el plan del rey no resultó, mandó a matar a Urías el hitita, esposo de Betsabé. Esa es la parte correspondiente a David. ¿Qué podemos decir de Betsabé? Es cierto que David era el rey de Jerusalén; no obstante, Betsabé debió hacer alguna cosa para impedir que ese deseo del rey David no se realizara. Ella debió pensar en las consecuencias. Tal y como sucedió, un embarazo y la muerte de su esposo. Urías era un hombre bueno, honesto, responsable, él no merecía esa traición, ni morir de esa manera.

Ciertamente, Yahveh castigó a David y Betsabé con la muerte del bebé, que ellos procrearon, y era fruto de un pecado. Además, al rey David le ocurrió una serie de desgracias. Desde el punto de vista de Betsabé, una mujer casada, pero con su esposo en la guerra, quizás se sintió desprotegida. También, Betsabé pudo complacer al rey por temor a represalia a ella o su familia. No sabemos cómo sucedieron las cosas entre ellos, si el rey la obligó o amenazó. Lo cierto es que, al morir el esposo de Betsabé, el rey David la tomó como esposa.

David y Betsabé se arrepintieron de su pecado, y Yahveh los personó. Posteriormente, de la unión entre David y Betsabé nació el sabio Salomón, un ungido y dilecto de Yahveh. Mientras tanto, como mujeres cristianas no debemos establecer relaciones extramatrimoniales; incluso, si se tratara de un rey, presidente o jefe. La opción más factible es el divorcio. Esa libertad jurídica le abre las puertas a una persona, para que pueda iniciar otra relación sentimental. Desde el tiempo de Moisés existe la separación legal entre los cónyuges. Sin embargo, ese no fue el caso de Betsabé.

Betsabé se menciona en la Biblia por su adulterio con el rey David. También, Betsabé fue la madre del sabio Salomón, a quien ella concibió con David, ya siendo su esposa. Sin embargo, no existe ningún hecho relevante de amor, fidelidad o coraje, que convierta a Betsabé en un ejemplo a seguir.

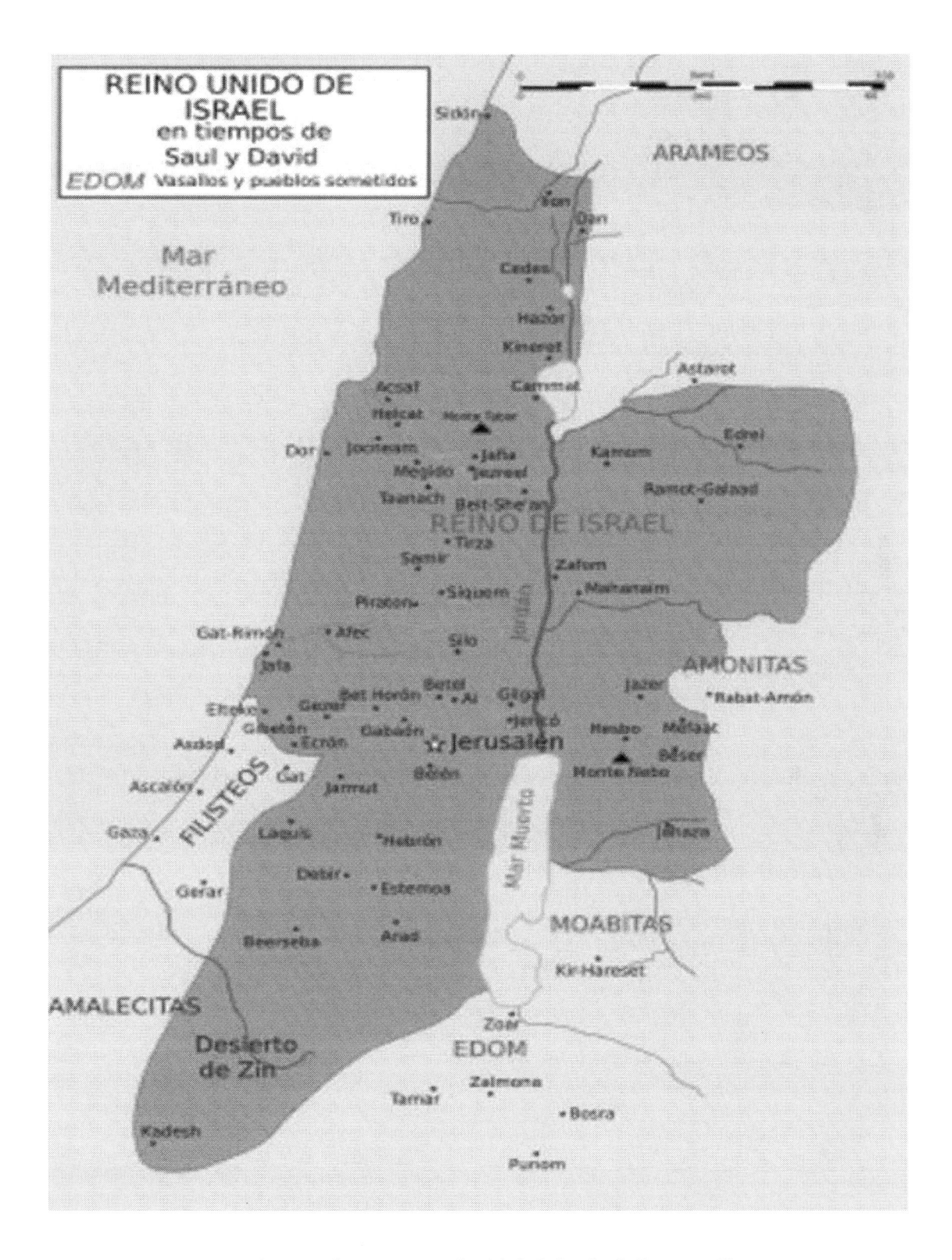

Reino de Israel (1029-966) a. C.

Referencias:

- *(2 Samuel 11:1).*
- *(2 Samuel 11:2-5).*
- *(2 Samuel 11:6-11).*
- *(2 Samuel 11:6-12-13).*
- *(2 Samuel 11:14-25).*
- *(2 Samuel 11:26-27).*
- *(2 Samuel 12:1-10).*
- *(2 Samuel 12:11-15).*
- *(2 Samuel 12:16-18).*
- *(2 Samuel 12:19).*
- *(2 Samuel 12:20-23).*
- *(2 Samuel 12:24-25).*
- *(2 Samuel 23:1-7).*
- *(1 Reyes 3:5).*
- *(1 Reyes 3:6-9).*
- *(1 Reyes 3:10-12).*
- *(1 Reyes 10 y 11; Crónicas 9).*

Reina Maqueda; reina de Sabá

Las Mujeres de la Biblia
La Reina de Sabá

La reina de Sabá, nació alrededor del 1020 a. C. en el país de Ophir, ubicado en toda la costa de África, Península Arábiga, y la isla de Madagascar. Su legítimo nombre era Maqueda. Fue reina de la antigua tierra de Sabá, la actual Yemen. Su lengua era la sudarábiga. Los habitantes de ese país se caracterizaban por su altura, piel blanca y también, sus virtudes. Tenían fama de ser excelentes soldados. Buenos en el cuidado de cabras, camellos, ovejas, ciervos y lobos. Esa nación era rica en minas de oro, cobre y piedras preciosas.

La historia de esta reina es presentada en los libros: I Reyes, II Crónicas y el Evangelio de Lucas del Canon bíblico. También se muestra en el Corán y en la historia de Etiopía. A la edad de quince años, Maqueda fue al sur de Arabia, a la ciudad de Marib capital de Sheba, a coronarse reina. Gobernó durante cuarenta años. El lema de los pobladores de esa ciudad era el siguiente: "Las reglas pertenecen al corazón de la mujer; pero la cabeza y las manos correspondían a los hombres". Los exégetas del Corán dicen que la reina de Saba y sus habitantes adoraban el sol, la luna, las estrellas y a venus.

La reina Maqueda, de Sabá, tenía el título honorifico de Alta sacerdotisa, reglamentado en su palacio: "Catedrales de la Sabiduría". La reina rendía culto al sol. Sin embargo, después de visitar al rey Salomón, la reina de Sabá se convirtió al judaísmo. En ese tiempo, la fama de Salomón se había extendido por todos los países del mundo. Fue así como la reina de Sabá escuchó sobre Salomón, y viajó con su séquito hasta Jerusalén para probar al sabio Salomón haciéndole preguntas que ella consideraba difíciles de responder (II Reyes 10: 1).

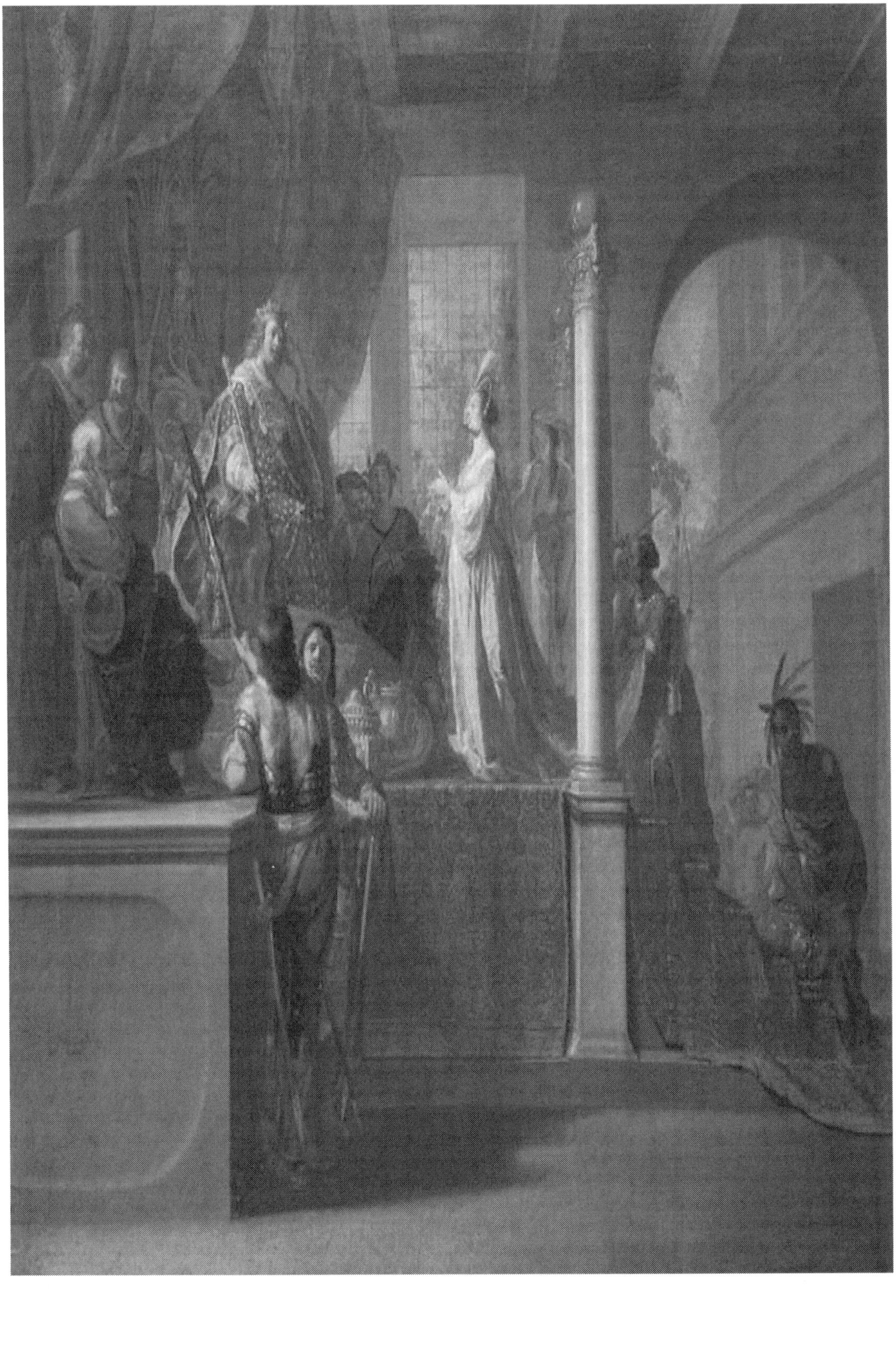

Visita de la reina de Saba a Salomón

La reina de Sabá se presentó ante el rey Salomón con una gran comitiva. Llegó con un cargamento de obsequios para el rey Salomón. Sus camellos estaban repletos de especias, oro en abundancia, y piedras preciosas. Pero lo más valioso de todos sus regalos fue un aceite dulce para el incienso del templo. Al presentarse ante Salomón, la reina de Sabá le hizo una serie de preguntas, las cuales Salomón respondió fácil y satisfactoriamente.

El libro de Reyes explica los detalles de la excelente impresión de la reina de Sabá sobre el palacio del rey Salomón. Nos dice que, cuando la reina de Sabá comprobó la sabiduría de Salomón, el esplendor de su palacio, la calidad de la comida en su mesa, las habitaciones de sus oficiales, los vestidos de los siervos, sus maestresalas; asimismo, sus holocaustos en el templo de Yahveh, esta reina quedó maravillada (II Reyes 10: 2-5).

Impresión de la reina de Sabá

Dijo la reina de Sabá al rey Salomón lo siguiente:

«Verdad es lo que oí en mi tierra de tus cosas y de tu sabiduría; pero yo no lo creía, hasta que he venido, y mis ojos han visto que ni aun se me dijo la mitad; es mayor tu sabiduría y bien, que la fama que yo había oído. Bienaventurados tus hombres, dichosos estos tus siervos, que están continuamente delante de ti, y oyen tu sabiduría. Yahveh tu Dios sea bendito, que se agradó de ti para ponerte en el trono de Israel; porque Yahveh ha amado siempre a Israel, te ha puesto por rey, para que hagas derecho y justicia».

(II Reyes 10: 6-10; II Crónicas 9: 5-9).

El libro II de Crónicas, relata la magnífica impresión que tuvo la reina de Saba del rey Salomón, su palacio y vasallos, de la siguiente forma:

«Verdad es lo que había oído en mi tierra acerca de tus cosas y de tu sabiduría; pero yo no creía las palabras de ellos, hasta que he venido, y mis ojos han visto; y he aquí que ni aun la mitad de la grandeza de tu sabiduría me había sido dicha; porque tú superas la fama que yo había oído. Bienaventurados tus hombres, y dichosos estos siervos tuyos que están siempre delante de ti, y oyen tu sabiduría. Bendito sea Yahveh tu Dios, el cual se ha agradado de ti para ponerte sobre su trono como rey para Yahveh tu Dios; por cuanto tu Dios amó a Israel para afirmarlo perpetuamente, por eso te ha puesto por rey sobre ellos, para que hagas juicio y justicia. Y dio al rey ciento veinte talentos de oro, y gran cantidad de especias aromáticas, y piedras preciosas; nunca

hubo tales especias aromáticas como las que dio la reina de Sabá al rey Salomón». *(II Crónicas 9: 5-9).*

Regalos de la reina de Sabá al rey Salomón

Los siervos de Hiram conjuntamente con los de Salomón trajeron oro, madera de sándalo y piedras preciosas de Ophir, tierra de la reina de Sabá. De la madera de sándalo el rey Salomón hizo gradas en el templo de Yahveh y en las casas reales. Además, arpas y salterios para los cantores. Las Sagradas escrituras explican que, en Judá nunca se había visto madera similar. La Biblia expresa que el rey Salomón también favoreció a la reina de Sabá. Él le obsequió todo lo que ella quiso y pidió, mucho más de lo que ella le había regalado a él. Después de permanecer unos días en el palacio de Salomón, la reina de Sabá regresó a su tierra.

(II Reyes 10: 11-13; II Crónicas 9: 10-12).

Grande era el reinado de Salomón, sus riquezas sobre abundaban. El rey Salomón ordenó la construcción de doscientos escudos grandes de oro batido. Cada uno contenía seiscientos siclos de oro. También, trescientos escudos pequeños de tres libras de oro cada uno. Estos fueron depositados en la casa del bosque del Líbano. Asimismo, el rey ordenó edificar un gran trono de marfil, cubierto de oro purísimo. Este trono constaba de seis gradas. El dorso de su parte superior era redondo. De ambos lados tenía brazos, cerca del asiento, y junto a estos había dos leones (II Reyes 10: 14-19; II Crónicas 9:13-18).

Sobre seis gradas, el rey Salomón dispuso doce leones, seis de cada lado. En ningún reino se había hecho algo análogo al reinado de Salomón. Todos los vasos de beber del rey eran de oro. De hecho, toda la vajilla de la casa del bosque del Líbano era de oro fino. En el tiempo del rey Salomón la plata no tenía valor. Toda esa riqueza provenía de una flota de naves de Tarsis que el rey tenía junto a la de Hiram. Estas flotillas venían cada tres años y traían oro, plata y marfil; además, monos y pavos reales. De ese modo, el rey sobrepasaba las fortunas de todos los reyes de la tierra. El rey Salomón no sólo los excedía en bienes, también, en sabiduría (II Reyes 10: 20-23; II Crónicas 9:19-22).

Su reinado fue de prosperidad divina. Fue debido a su fama y prosperidad que la reina de Sabá viajó hasta Israel a conocer a Salomón. En efecto, todas las personas de distintos lugares de la tierra deseaban conocer a Salomón. Ellos ansiaban escuchar la sabiduría que el Señor había colocado en su corazón. Todos los años llegaban extranjeros a conocer a Salomón. Ellos le traían diversos presentes, tales como, alhajas de oro y plata, y vestidos. De igual forma, especias aromáticas y armas. De igual modo, al rey le obsequiaban vestidos y perfumes; también, caballos y mulos (II Reyes 10: 24-25; II Crónicas 9:23-25).

La reina de Sabá ante el rey Salomón

Relatos de Historiadores sobre la reina de Sabá

El historiador Flavio Josefo en su obra "Antigüedades de los Judíos", relata la historia de la visita de la reina de Sabá al rey Salomón. Dice, que esta reina gobernó Egipto y Etiopía. Se caracterizaba por su sabiduría y numerosas caravanas reales. Al llegar a Jerusalén, la reina de Sabá prueba a Salomón con preguntas difíciles, al este monarca responderlas todas con facilidad, ella admiró su sabiduría, y también su riqueza. En su obra, este historiador menciona que, a juzgar por el asombro que la reina de Sabá mostró en su visita a Salomón, obviamente, el progreso y las costumbres de su nación eran totalmente diferentes a las de Jerusalén.

Asimismo, Immanuel Velikovsky el autor de "Historia Revisionista", extraacadémica, expresó sobre la reina de Sabá que ella era una reina Hatshepsut (Siglo XV a. C., perteneciente a la cronología tradicional del antiguo Egipto. Dijo que el gobierno de la reina de Sabá fue uno de los primeros y más influyentes de esa dinastía, en la cual reinaron dieciocho faraones. El padre de la reina de Sabá, de nombre Tutmosis, fue quien anexó a Egipto /Kush (Etiopía). Este escritor también señaló en su obra, que la reina de Sabá construyó un templo funerario para ella. Para su construcción, la reina tomó de modelo el templo de la tierra de Punt, el territorio de Somalia moderna.

El templo funerario de la reina presentó una serie de bajos relieves con escenas similares a las descritas en la Biblia sobre su visita al rey Salomón. Además, se le anexaron algunos detalles representando su expedición a Jerusalén; una ciudad que la reina denominó "Divina" o "Tierra de Dios". Destacando, la expedición de la reina de Sabá fue un acontecimiento histórico, debido a la distancia que ella tuvo que recorrer hasta llegar a Israel. También, se considera una historia bíblica famosa por la majestuosidad de su séquito, y su transportación. Por tierra, la reina de Sabá utilizó 797 camellos; y por agua, 73 barcos. Todo eso, para ir a conocer al rey Salomón.

Reina de Sabá y parte de su comitiva

En su viaje a Jerusalén, la reina de Sabá tenía una escolta de protección de hombres gigantes de piel blanca. En su cabeza, la reina llevaba una corona adornada con plumas de avestruz, y en su dedo meñique un anillo de piedra Asterix, no conocida por la ciencia moderna. El libro etíope "Kebra Negast" describe la llegada de la reina de Sabá, y el entusiasmo del rey Salomón, quien la recibió con honores. La alojó en su palacio real, y le enviaba a su alcoba los alimentos de la mañana y noche.

En cuanto al modo de vida de la reina de Sabá, este era muy diferente al que ella vio en Israel durante el reinado de Salomón. Partiendo de su padre, el señor de Sheba, vivió en un palacio de mármol, con fuentes de agua y rodeado de jardines, los cuales tenían flores fragantes. Allí, los pájaros cantaban. La fragancia de bálsamo y especia se extendía por todas partes. Sin embargo, el orgullo de Sabá era una presa de piedra grande al oeste de Marib. A través de un complejo sistema de canales y drenes, se abastecían de agua los campos, los jardines de los templos y palacios.

La presa tenía una longitud de 600 metros cuadrados y 15 metros de altura. El sistema de canales se alimentaba mediante dos puertas de enlace. Se abastecía de agua de un río cercano y la precipitación de las lluvias. Una vez al año las aguas llegaban a la presa arrastradas por tormentas tropicales del Océano Índico. El libro de Corán afirma que, este sistema de riego fue destruido por el aire como castigo por el paganismo que practicaban los habitantes de ese país. Pero, realmente, fueron los romanos quienes destruyeron la presa, cuando ellos sitiaron y saquearon la ciudad. Lo hicieron como castigo a la resistencia de los pobladores de Merib, Sabá.

Los datos mostrados en esta colección cristiana son los únicos que aparecen en la Biblia y libros de escritores.

Catequesis:
¿Qué aprendimos de la Reina de Sabá?

Los libros: I Reyes, II Crónicas y el Evangelio de Lucas del Canon bíblico, presentan la historia de Maqueda, mejor conocida como la reina de Sabá. Muchos reyes y gobernantes de esa época venían a conocer al célebre sabio Salomón, quien fue bendecido por Yahveh en sabiduría y don de la palabra. Se considera una historia bíblica muy famosa. Su importancia se debe a lo siguiente:

Primero: *La distancia que tuvo que recorrer la reina de Sabá. Su recorrido fue, desde el extremo sur de la península arábica, del medio oriente, hasta Israel.*

Segundo: *Estuvo acompañada de un numeroso séquito.*

Tercero: *La reina de Sabá viajó por tierra con 797 camellos. Mientras por agua, ella utilizó 73 barcos.*

Cuarto: *Los regalos que la reina de Sabá trajo al rey Salomón fueron impresionantes: especias, oro en abundancia y piedras preciosas. Además, madera de sándalo, de la cual las Sagradas Escrituras dicen, que en Judá nunca se había visto madera similar. Para añadir más a su amabilidad, la reina trajo aceite dulce para el incienso del templo.*

Quinto: *Lo más importante de este viaje de la reina de Sabá fue su sabiduría frente al rey Salomón, quien respondió todas sus preguntas sin algún problema. Otro hecho significante fue su reconocimiento a Salomón como rey y sabio, cuando ella le dijo:* **"Es mayor tu sabiduría y bien, que la fama que yo había oído. Bienaventurados tus hombres, dichosos estos tus siervos, que**

están continuamente delante de ti, y oyen tu sabiduría". (II Reyes 10: 6-8).

*La reina de Sabá alabó a Yahveh diciendo: "**Yahveh tu Dios sea bendito, que se agradó de ti para ponerte en el trono de Israel; porque Yahveh ha amado siempre a Israel, te ha puesto por rey, para que hagas derecho y justicia**" (II Reyes 10: 9-10).*

La reina de Sabá tuvo tan buena opinión de Salomón y su reino, que ella construyó su templo funerario (era costumbres de los reyes edificar su panteón donde descansarían sus restos mortales), y a este le añadió una serie de bajos relieves con escenas similares a las descritas en la Biblia sobre su visita al rey Salomón. Además, se le anexaron algunos detalles representando su expedición a Jerusalén. Esta ciudad la reina de Sabá la denominó "Divina" o "Tierra de Dios".

Algunos historiadores narran que la reina se convirtió al Islán, religión hebrea. Realmente, la reina de Sabá causó muy buena impresión a Salomón y el pueblo judío. Por su excelente comportamiento de dignidad y amabilidad, la reina de Sabá seguirá formando parte de los libros Sagrados, y siempre vivirá en los pensamientos y corazones del pueblo de Yahveh.

Estatua del rey Salomón y la reina de Sabá
Baptisterio de Florencia

Referencias:

- *Libro I Reyes.*
- *Libro II Crónicas.*
- *Evangelio de Lucas.*
- *Canon bíblico.*
- *El Corán.*
- *Historia de Etiopía.*
- *Flavio Josefo, su obra: "Antigüedades de los Judíos".*
- *Immanuel Velikovsky: "Historia Revisionista".*
- *El libro etíope titula: "Kebra Negast".*
- *(II Reyes 10: 2-5).*
- *(II Reyes 10: 6-10.*
- *(II Crónicas 9: 5-9).*
- *(II Crónicas 9: 5-9).*
- *(II Reyes 10: 11-13).*
- *(II Crónicas 9: 10-12).*
- *(II Reyes 10: 14-19).*
- *(II Crónicas 9:13-18).*
- *(II Reyes 10: 20-23).*
- *(II Crónicas 9:19-22).*
- *(II Reyes 10: 24-25).*

- *(II Crónicas 9:23-25).*

La Reina Salomé Alejandra

Las Mujeres de la Biblia
La Reina Salomé Alejandra

Salomé Alejandra (141 o 139-67 a. C.). Su nombre hebreo era Shelomit. Salomé Alejandra perteneció a la dinastía asmonea. Fue esposa del rey Aristóbulo I (104 a. C.-103 a. C.), quien murió y dejó de sucesor a su hermano menor, Alejandro Janneo. Siguiendo la ley del levirato que ordena a una viuda sin hijos casarse con uno de los hermanos del marido fallecido. La ley también decía, el primer hijo varón que nazca de la nueva unión debe llevar el nombre de su fallecido padre y heredar sus bienes.

Cumpliendo con la ley de levirato, Salomé Alejandra se casó con el hermano de su difunto marido, el rey Alejandro Janneo. Ambos reinaron en los años 103 y 76 a. C. Fruto de su matrimonio nacieron dos hijos: Aristóbulo II e Hircano II. A Aristóbulo II su padre no lo veía futuro rey o capaz de estar centrado en asuntos del estado, porque era muy impulsivo. En cambio, lo delegó a la vida privada. En cuanto a su hermano Hircano II, lo hizo sacerdote porque era indolente e incompetente.

Después, el rey Alejandro Janneo murió, pero antes de morir dejó su trono a la reina Salomé Alejandra, porque él no confiaba en ninguno de sus hijos. Además, Salomé Alejandra era muy querida por el pueblo. La gente confiaba en la reina debido a que ella evitaba muchas medidas crueles de su marido. La reina Salomé Alejandra pertenecía a la dinastía asmonea. Al morir su esposo, la reina Salomé Alejandra rigió la nación judía, siguiendo las recomendaciones que su fallecido esposo le encomendó antes de morir.

Reinado de Salomé Alejandra

Entre las instrucciones que el rey Alejandro le dejó a su esposa, Salomé Alejandra, estaba la de favorecer a los fariseos. Ellos formaban la secta más estricta del cumplimiento de las leyes. Aunque la reina Salomé Alejandra dirigió su gobierno con sabiduría, doblando los efectivos del ejército e intimidando a los gobernantes vecinos, los fariseos se convirtieron en los verdaderos dirigentes del país. Si bien, la reina Salomé Alejandra gobernaba a los judíos, los fariseos la gobernaban a ella.

En otras palabras, la reina Salomé Alejandra hacía lo que le sugerían los fariseos. Por ejemplo, los fariseos hicieron que la reina Salomé Alejandra condenara a muerte a quienes aconsejaron a su fallecido esposo Alejandro, crucificar a 800 cabecillas fariseos. A la orden de la reina, ellos empezaron a matarlos uno a uno. Entre las víctimas estaba Diógenes de Judea, un destacado miembro del partido saduceo. Sin embargo, los hombres perseguidos encontraron un defensor, Aristóbulo, uno de los hijos de la reina Salomé Alejandra.

Aristóbulo persuadió a su madre, la reina Salomé Alejandra, que los perdonara. Ella los perdonó, pero fueron exiliados. Tuvieron que irse de Jerusalén. En otro contexto, durante su reinado la reina manejó eventos de guerra, tal como la invasión de Tigranes II de Armenia. Este invasor llegó a Judea con un batallón de 300 000 hombres, sitiando a Ptolemaida. la reina Salomé Alejandra manejó la situación con diplomacia enviando embajadores con valiosos regalos donde Tigranes II, el Grande (95-55 a. C.).

La reina le solicitó un tratado de paz entre ambas naciones. Tigranes II se retiró y dirigió hacia otro lugar. Por lo tanto, en esa ocasión, la reina Salomé Alejandra pudo proteger a su nación de esa invasión.

Muerte de Salomé Alejandra

Pasado algún tiempo, la reina enfermó gravemente, y su hijo Aristóbulo II aprovechó la oportunidad para tomar el poder. Salió de Jerusalén, de noche y a escondidas. Reunió un ejército y ocupó veintidós fortalezas en quince días; dominando así, la mayor parte del país. La reina Salomé Alejandra murió. Al morir, la reina dejó la nación al borde de una guerra civil por la división entre sus dos hijos Aristóbulo II e Hircano II.

La reina Salomé Alejandra reinó en Judea desde el año 76 a. C. hasta su muerte, en el año 67 a. C., nueve años consecutivos. Salomé Alejandra fue la última reina de Israel, que gobernó un estado judío totalmente independiente hasta la formación de su estado moderno. Su sucesor fue su hijo, Hircano II.

Catequesis:
¿Qué aprendimos de la Reina Salomé Alejandra?

Salomé Alejandra pertenecía a la dinastía asmonea. Su familia era de la realeza imperial. Los asmoneos fueron los sucesores de los macabeos, y lograron establecer un poderoso imperio en lo que hoy conocemos como Israel y Palestina. Por lo tanto, Salomé Alejandra se casó con el rey Aristóbulo I; pero lamentablemente, él murió sin dejar descendencia.

El sucesor del rey Aristóbulo I fue su hermano menor, Alejandro Janneo. En ese tiempo existía la ley del levirato que obligaba a una mujer casarse con uno de los hermanos de su fallecido marido. De ese modo, Salomé Alejandra se casó con el heredero al trono de su esposo, Alejandro Janneo. La pareja tuvo dos hijos: Aristóbulo II e Hircano II.

Al igual que su hermano, el rey Aristóbulo I, Alejandro Janneo murió, pero antes de morir no quiso que ninguno de sus dos hijos fuera su sucesor. Tito Flavio Josefo relata en su libro: "Antigüedades de los judíos", que su padre Alejandro Janneo consideraba que sus hijos no tenían las facultades necesarias para gobernar ese país. Guiado por esa convicción, el rey Alejandro Janneo dejó a su esposa Salomé Alejandra su sucesora al trono de Jerusalén, quien era muy amada por el pueblo hebreo.

Antes de morir, el rey Alejandro Janneo asesoró a Salomé Alejandra sobre los manejos e intereses de la nación. Entre las cosas que el rey le sugirió fue favorecer a los fariseos, porque era la secta más estricta en el cumplimiento de las leyes. Esta soberana administró con inteligencia y sabiduría. Sin embargo, los fariseos se convirtieron en los verdaderos dirigentes del país.

Salomé Alejandra hizo todo a su alcance por mantener el orden y dar protección a su pueblo. Enfrentó la invasión de Tigranes II de Armenia. La reina Salomé Alejandra manejó la situación con tacto y diplomacia. Envió embajadores donde Tigranes con valiosos regalos y solicitó un tratado de paz. Después de este evento la reina enfermó gravemente, y murió. Su sucesor fue su hijo, Hircano II.

¿Qué aprendimos de la reina Salomé Alejandra?

Primero*: La obediencia al esposo. Equivocado o no, su esposo, el rey, Alejandro Janneo, antes de morir le aconsejó a Salomé Alejandra aliarse a los fariseos. Posiblemente, el rey pensó en el orden de los habitantes de la ciudad. Como el rey no confiaba en sus hijos, esa fue la mejor opción para él.*

Segundo*: Manejar todos los asuntos de nuestras vidas con total diplomacia; esa es la mejor forma de triunfar, sobre todo, en problemas difíciles de resolver.*

Tercero*: Morir con dignidad sabiendo que durante nuestro tiempo de vida hicimos lo correcto.*

Tomando los rasgos generales de la vida de la reina Salomé Alejandra, podemos intuir que, esta distinguida dama, noble de nacimiento, tuvo una conducta intachable en su vida personal y en los asuntos de estado que demandaba su reino. Cuando actuamos bien no sentimos culpa, y al morir, dejamos huellas que pueden guiar el camino de otros. Por tanto, la reina Salomé Alejandra es una mujer bíblica admirable que podemos seguir.

Referencias:

- *Tito Flavio Josefo: "Antigüedades de los judíos".*
- *Historiador judío romano del siglo I.*
- *Aristóbulo I (104 a. C.-103 a. C.).*
- *Alejandro Janneo; Judea.*
- *Aristóbulo II, Jerusalén.*
- *Tigranes II el Grande (95-55 a. C.), Armenia.*

Made in the USA
Middletown, DE
18 May 2023